아름다운 작가

2025년 제15호

아름다운 작가 제15호

초판 1쇄 발행 2025년 9월 30일

지은이 한국작가회의양주지부
펴낸이 장길수
펴낸곳 지식과감성#
출판등록 제2012-000081호

교정 정은솔
디자인 이현
편집위원 김기우, 임성용, 나병춘, 임영희, 강옥매, 유병옥, 장동빈, 윤인구
편집 이현
검수 한장희
마케팅 김윤길

주소 서울시 금천구 벚꽃로298 대륭포스트타워6차 1212호
전화 070-4651-3730~4
팩스 070-4325-7006
이메일 ksbookup@naver.com
홈페이지 www.knsbookup.com

ISBN 979-11-392-2835-9(03810)
값 17,000원

• 이 책의 판권은 지은이에게 있습니다.
• 이 책 내용의 전부 또는 일부를 재사용하려면 반드시 지은이의 서면 동의를 받아야 합니다.
• 잘못된 책은 구입하신 곳에서 바꾸어 드립니다.

●이 책은 양주시에서 발간비 일부를 지원받았습니다.

지식과감성#
홈페이지 바로가기

2025년 제15호

아름다운 작가

특집 1. 디지털 시대의 문학
편집자 주
웹소설가와의 대담 - 악중선 작가를 찾아서
디지털 시대의 새로운 장르, 디카시 - 박남희(시인, 문학평론가)

디카시 - 유병욱 임영희

시 - 강옥매 김경곤 김대용 김 명 김영은
김은희 김정운 김홍성 나병춘 문선정
박소영 박시우 윤인구 유병욱 윤여설
윤재훈 이도영 이가을 이수풀 임성용
장동빈 정명섭 정시마 조영환

동시 - 이수풀

소설 - 박명문
수필 - 양효숙 임영희
콩트 - 윤인구
시사평설 - 류재복 **시에세이** - 나병춘

특집 2. 다문화 사회의 문학
편집자 주
시 - 김홍성 **희곡** - 박정근
소설 - 고동현 김기우

자궤감성# 한국작가회의양주지부

목차

특집 1.

디지털 시대의 문학

편집자 주 · 8
웹소설가와의 대담 – 악중선 작가를 찾아서 · 9
디지털 시대의 새로운 장르, 디카시 – 박남희(시인, 문학평론가) · 20

디카시

유병욱 · 38 / 임영희 · 40

시

강옥매 · 46 / 김경곤 · 51 / 김대용 · 53 / 김명 · 58 / 김영은 · 61
김은희 · 63 / 김정운 · 66 / 김홍성 · 70 / 나병춘 · 73 / 문선정 · 78
박소영 · 84 / 박시우 · 87 / 윤인구 · 90 / 유병욱 · 93 / 윤여설 · 97
윤재훈 · 100 / 이도영 · 105 / 이가을 · 110 / 이수풀 · 113 / 임성용 · 116
장동빈 · 121 / 정명섭 · 127 / 정시마 · 132 / 조영환 · 137

동시

이수풀 · 142

산문

소설 – 박명문 · 146 / 수필 – 양효숙 · 168 / 임영희 · 175
콩트 – 윤인구 · 188 / 시사평설 – 류재복 · 190
시에세이 – 나병춘 · 200

특집 2.
다문화 사회의 문학

편집자 주 · 220
시 – 김홍성 · 221 / 희곡 – 박정근 · 226
소설 – 고동현 · 272 / 김기우 · 292

편집 후기 · 319
회원 신간 · 320

특집 1.
디지털 시대의 문학

편집자 주

디지털 기술의 발전과 함께 문학의 표현 방식도 크게 변화하고 있다. 기존의 종이책 중심의 문학에서 벗어나, 디지털 매체와 결합한 다양한 새로운 형태의 문학이 등장하고 있다. 대표적인 예로 디카시, 웹소설, 멀티미디어 문학 등이 있다.

『아름다운 작가 15』에서는 특집으로 '디지털 문학의 표현방식'에 대해 다룬다.

커뮤니케이션 도구와 기술의 발전, 다양화로 인쇄매체의 영향력이 많이 위축되고 있는 현실에서 디지털 매체가 여러 측면에서 유용하게 쓰이고 있다. 문학 분야에서도 이러한 영향을 받고 있는 사정이다. 『아름다운 작가』에서는 이를 부정적으로 보기보다는 포용하고 매체의 다양화에 따른 창작의 방법을 모색하려 한다.

이는 문학의 민주화와 다양성 확대 측면에서 긍정적으로 받아들일 수 있다. 누구나 쉽게 창작하고 유통할 수 있는 환경이 마련되면서, 문학의 진입장벽이 낮아지고 다양한 목소리와 서사가 등장하게 되었다.

특히 '디카시'와 '웹소설'은 디지털 시대 문학의 표현방식에 혁신을 가져왔다. 디카시는 문자와 영상의 융합을 통해 시의 새로운 가능성을 열었고, 웹소설은 문학 생산·소비의 구조를 혁신하며 대중성과 상호작용, 산업적 확장성을 강화했다. 두 장르는 디지털 환경에 최적화된 문학의 새로운 지형을 만들어 가고 있으며, 문학이 더 이상 문자에만 머무르지 않고 다양한 미디어와 소통하는 시대를 열고 있다.

웹소설가와의 대담

악중선 작가를 찾아서

디지털 기술의 발달로 매체가 다양해지면서 인쇄매체가 위축되어 가는 상황이다. 인쇄매체의 등장과 성장으로 문학이 큰 발전을 이뤄왔으나, 작금의 다매체 환경에서는 그 영향력이 약해진 모습이다.

이 시점에서 『아름다운 작가』에서는 '디지털 시대의 문학'이라는 특집으로, 편집주간인 김기우 소설가가 웹소설가인 '악중선' 선생과 대담을 가졌다. 대담의 내용을 정리하여 싣는다.

1. 작가와 독자

김기우: 안녕하십니까, 선생님. 선생님의 작품 「재벌녀의 두 번째 남편」을 잘 읽었습니다. 선생님의 여러 작품 중에서 가장 인기 있더군요. 흥미롭게 봤습니다.

악중선: 제 작품을 읽으셨다니, 반갑습니다. 본격 소설가인 김기우 작가님의 작품과는 좀 다를 텐데, 독후감을 듣고 싶군요.

김기우: 제 작품은 독자들로부터 선생님만큼의 호응을 얻지 못합니다. 제 독자는 극히 한정돼 있고, 선생님 독자는 수만 명이

더군요. 선생님 작품에 대한 독후감은 아마 선생님의 독자들이 댓글로 달아 주는 표현이 정확할 겁니다.

악중선: 웹소설의 장점일 수 있는 부분이 그런 것입니다. 독자가 적극적으로 독후감을 이야기해 주죠. 그것도 즉각즉각 말입니다. 저는 독자의 피드백을 전적으로 수용하는 편입니다.

김기우: 종이책에서는 기대할 수 없는 점입니다. 저는 평론가들의 계간 평이나, 교수들의 서평 외에는 일반 독자들의 독후감을 받아 보지 못합니다. 평론들이 대개 '주례사 비평' 분위기여서 객관적이고 비판적인 평가를 기대하기 어렵습니다.

악중선: 아마 그럴 겁니다. 우리 웹소설 독자들은 아주 날카롭게 비판하면서도 칭찬과 공감도 많이 해 줍니다. 그것도 작품 쓰는 내내 말입니다. 그런 반응 때문에 쓰는 맛이 있습니다.

김기우: 매우 좋은 점입니다. 창작가에게 바람직한 독후감입니다. 종이책은 한번 발표되고 나면 그것으로 끝인 경우가 많습니다.

악중선: 디지털 환경이 그렇게 만들었다고 봅니다. 문학 감상자가 생산자가 되는 경우죠. 누구나 쉽게 창작과 유통에 참여할 수 있게 됐습니다. 물론 예술성이나 작품의 완성도 측면에서는 또 다른 논의가 필요하지만요.

김기우: 앞으로는 그러한 면도 많이 보강되리라 봅니다. 창의력이 필요한 AI시대여서 문학의 경우에도 기술과 창의가 융합되는 변화가 있을 것이 틀림없어 보입니다. 그런 의미에서 웹소설의 특성, 또는 본질을 선생님께서 말씀해 주시면 좋겠습니다. 본격 소설과 대비해서 말입니다.

악중선: 웹소설은 인터넷·모바일 환경에 최적화된 연재 방식으로 창작이 진행됩니다. 짧은 회차별 분량과 빠른 전개, 대화 중심의 구성을 특징으로 합니다.

김기우: 그렇게 보입니다. 한 회당 200자 원고지로 30매 안팎을 연재하시더군요. 그리고 서사의 전개가 매우 빠르고요.

악중선: 이야기가 빠르게 전개돼야 독자가 읽어 줍니다.

김기우: '읽어 준다'라는 말씀이 특별하게 다가옵니다.

악중선: 독자 중심의 창작이라고 보시면 좋겠습니다. 과거 예술가의 후견인이 귀족이었듯, 지금은 후견인 즉 파트론이 독자 대중이지요.

김기우: 본격 소설은 작가가 독자의 이해도를 무시하는 경향이 짙습니다. 작가 자신만, 혹은 극소수의 독자만 이해하고 만족하

면 된다는 식이죠. '아시는 분만 알 수 있도록, 모르는 놈은 몰라도' 된다고요.

악중선: 웹소설은 그렇게 쓰면 절대 조회 수가 올라가지 않습니다. 중학생 정도의 독자도 이해할 수 있도록 써야 하고, 특히 한 회, 한 회 스토리가 긴박하게 이어지도록 써야 합니다.

김기우: 그래서 어떤 작가는 수억의 조회 수가 있나 봅니다. 악중선 선생님도 고수익 작가로 보는데, 그렇죠?

악중선: 저는 스타 작가는 못 됩니다. 이제 겨우 발표작 누적 조회 수 천만 정도 되는 작가입니다. 저도 한때 순문학을 했지만 웹소설 쪽도 흥미와 재미가 있어 하게 되었습니다.

2. 이야기의 본질

김기우: 소설을 '시민사회의 서사시'라고 정의한 철학자가 있습니다. 즉 우리들의 현실 이야기라는 것입니다. 헤겔이 그렇게 말했고, 그의 제자인 루카치는 '선험적 고향을 상실한 문제적 개인이 헤매는 양식'이라고 소설의 개념을 정의했습니다. 저의 스승이신 최인훈 선생님은 '살아가는 이야기'라고 하셨고요. 악중선 선생님께서는 이야기의 본질이 무엇이라고 생각합니까?

악중선: 저는 유럽의 이야기 전통에 따르기보다는, 그저 '독자가 원하는 판타지를 실현하는 장치'를 이야기라고 생각합니다. 웹소설은 모바일 환경에 최적화되어 있고, 독자들이 쉽게 몰입할 수 있는 자극적이고 흡입력 있는 전개가 중요하죠. 독자와의 실시간 소통, 빠른 전개, 그리고 반복되는 인기 소재 조합을 통해 수많은 이야기가 탄생합니다.

김기우: 그런 견해가 확고하시니 지치지 않고 웹소설을 쓰시는가 봅니다. 본격 소설계에서 아직 활동 중인 저에게 이야기란 '인간과 세계에 대한 깊이 있는 탐구'입니다. 본격 문학은 언어의 미학, 구조의 실험, 인간 내면의 복잡함을 탐구하는 데 집중합니다. 독자의 즉각적 반응보다 작품의 완성도와 예술적 깊이가 더 중요하다고 생각합니다.

악중선: 그 또한 맞는 말씀입니다. 소설도 예술이니까요. 예술이니 예술성을 중시할 수밖에 없겠죠. 하지만 저는 소설 독자는 이야기의 전개에 따른 예술적 흥미를 더 중시한다고 봅니다. 인간 내면에 대한 깊은 사유나 문장 표현의 아름다움보다는 서사의 극적 전개에서 예술성이 취득된다고 보는 편입니다.

김기우: 그렇다면 표현 측면에서 웹소설과 본격 소설의 차이는 무엇이라고 보십니까.

악중선: 가장 큰 차이는 '형식'과 '독자와의 거리'라고 생각합니다. 웹소설은 짧은 회차, 대화 중심의 문장, 빠른 전개가 특징입니다. 독자 반응에 따라 이야기가 실시간으로 변화할 수 있다는 점도 중요하고요. 그리고 무엇보다 대중성과 상업성이 강조됩니다. 이익사회에서 돈이 중요하지 않나요.

김기우: 우리 같은 본격 소설 계열에서는 한 권의 책, 완결된 텍스트를 목표로 합니다. 한 문장, 한 구조에 공을 들이고, 긴 호흡으로 서사를 이끌어 갑니다. 독자와 작가의 거리가 멀지만, 그만큼 깊이 있는 사유와 미학적 완성도를 추구할 수 있습니다.

악중선: 독자와 작가의 거리가 가까울수록 좋지 않을까요? 선생과 학생 사이처럼 소설을 두고 가르침과 배움의 사이가 된다면 그것만큼 따분한 일도 없을 거라고 생각됩니다. 웹소설에도 자기계발, 역사, 투자, 사랑 등등 배울 것 많습니다. 단지 그것을 긴박한 서사에 담으려 한다는 것이죠. 약간 허황하기도 하면서요.

김기우: 네, 알겠습니다. 제가 웹소설을 폄훼하는 것은 아닙니다. 웹소설이 대중의 욕망을 빠르게 반영한다는 점이 흥미롭습니다. 다만, 서사와 언어의 실험, 깊이 있는 주제 의식이 부족하지는 않은지 궁금합니다. 웹소설도 시간이 지나면서 더 다양한 실험과 깊이를 갖추게 될 것이라 기대합니다.

3. 웹소설의 변화 양상

악중선: 본격 소설과 분들은 웹소설이 너무 단순하고 반복적이라고 생각하실 수 있는데, 사실 웹소설도 독자와의 소통, 트렌드의 반영, 빠른 변화에 대응하는 창작의 즐거움이 있습니다. 그리고 웹소설도 점점 더 다양한 시도와 실험이 이루어지고 있다고 말씀드리고 싶어요.

김기우: 저도 그런 변화를 기대합니다. 웹소설이 상품성과 대중성을 중시하기 때문에 사회적 메시지가 직접적이기보다는 장르적 장치와 클리셰에 녹아 간접적으로 전달되는 경향이 있습니다. 흥미와 가독성이 우선시되어, 문학적 심미성이나 깊이 있는 사회 비판보다는 대중적 공감과 즉각적 반응에 초점이 맞춰지는 모습입니다.

악중선: 그렇습니다. 그래도 웹소설은 독자의 욕망과 동시대 사회적 맥락에 민감하게 반영합니다. 독자들이 현실에서 느끼는 불만, 소외, 갈등이 주인공의 성장과 승리, 정의 실현 등의 서사로 변환되어, 사회적 메시지가 장르적 쾌감과 결합해 자연스럽게 소비되고 있습니다.

김기우: 소설의 역할이 바로 그런 것이 아닐까 싶습니다. 요즘은 현실의 억압적 구조를 전복하거나, 소수자·주변인의 시선을 중심에 두는 등, 사회적 주제를 새로운 방식으로 조명하는 추세입니다.

악중선: 요즘 우리 웹소설계에서도 그런 사회문제를 많이 다루고 있습니다. 빠른 전개와 캐릭터 중심의 웹소설 서사는 독자가 주인공의 감정과 상황에 즉각적으로 몰입하게 만듭니다. 이를 통해 사회적 갈등이나 불평등, 젠더 문제 등 복잡한 사회 현안이 '남의 일'이 아니라 '나의 문제'로 체감되기 쉽습니다. 독자는 캐릭터의 선택과 성장, 고통과 저항을 따라가며 사회 구조의 문제점이나 현실의 모순을 감정적으로 경험하게 됩니다.

김기우: 그런 문제를 빠르게 독자 속으로 빠져들게 하는 장점 또한 웹소설에는 담지하고 있다고 봅니다. 웹소설은 현실의 억압적 구조, 계급·젠더·노동의 문제를 장르적 쾌감과 결합해 보여주므로, 독자들은 재미와 공감 속에서 사회적 이슈를 접하고, 집단적 공감대를 형성할 수 있습니다.

악중선: 기존의 추상적이고 이론적인 사회문제 인식에서 벗어나, 구체적 인물의 삶과 감정, 이야기로 사회문제를 재구성합니다. 예를 들어, 직장 내 감정노동, 젠더 갈등, 계급 불평등 등은 캐릭터의 일상과 선택, 갈등을 통해 드러나며, 독자는 이를 통해 사회문제의 현실성과 복잡성을 더 깊이 이해하게 됩니다.

4. 문제 해결의 상상력과 행동 자극

김기우: 웹소설 속 캐릭터는 종종 억압적 구조에 저항하거나, 약자가 승리하는 전복적 플롯을 보여 줍니다. 플롯이 엇비슷하다는 경향이 있는 듯싶습니다.

악중선: 반드시 그렇지만도 않습니다. 웹소설이 독자를 향하고 있는 면은 있지만, 창의적이고 예술적인 성향의 작가에게도 끌리는 경우가 많습니다. 그리고 전형적인 플롯은 한편으로는 독자에게 현실의 문제 역시 변화 가능하다는 상상력과 희망, 때로는 행동의 동기를 제공합니다.

김기우: 종이 매체가 갖는 특성이 있고, 디지털 매체가 갖는 특성이 있기에 또 다른 매력이 있으리라 봅니다. 어쩌면, 디지털 시대의 문학은 기술과 창의력의 융합을 통해 끊임없이 새로운 표현 방식을 실험하고 있으며, 앞으로도 그 변화와 확장은 계속되리라 예상됩니다.

악중선: 그렇습니다. 상업적이고 대중적이면서도 문학성이 뛰어난 소설도 많이 있습니다. 예전 무협 소설의 대부라 할 수 있는 김용 작가의 작품이 그렇듯이 말입니다.

김기우: 제가 접하기에는 드라마와 영화, 게임 등의 장르에서 웹소설을 원작으로 삼는 경우가 많더라고요.

악중선: 그렇습니다. 웹소설은 영화, 드라마, 게임 등 다양한 미디어로의 확장성이 뛰어나 원천 콘텐츠로서 산업적 가치가 높아졌습니다. 또한, 인공지능(AI), 가상현실(VR), 증강현실(AR) 등 첨단 기술과 결합해 새로운 장르와 방식의 문학으로 진화하고 있습니다.

김기우: 이제는 좀 더 실질적인 웹소설 작법에 대해 알려 주시면 감사하겠습니다. 먼저 웹소설 플랫폼은 어디가 있나요?

악중선: 네이버시리즈, 카카오페이지, 문피아, 노벨피아, 조아라 등입니다. 우리나라에만도 십수 개가 됩니다.

김기우: 저도 몇 군데 들어가 봤습니다. 수많은 독자가 그만큼의 작가와 작품을 보고 있더군요.

악중선: 그렇습니다. 어떤 면에서는 독자가 작가가 될 수 있겠습니다.

김기우: 처음 작품을 올리는 신인들에게 조언을 부탁드립니다.

악중선: 우선 공모전에 참여해 보라고 권하고 싶습니다. 상금도 그렇지만, 경험이 될 기회입니다. 그 외 자유 연재 방식도 있습니다. 신인은 자유로 연재하다가 75,000자 이상 되면 일반연재로 전환 가능합니다.

김기우: 조회 수가 많은 작품일수록 연재 수가 많더라고요. 독자들이 그만큼 많은 조회 수에 몰리는 경향도 있습니다.

악중선: 아무래도 흥미를 중시하니까 조회 수 많은 작품을 클릭하게 됩니다. 1천 회 이상이면 유료화 가능합니다.

김기우: 조회 수 올리기 어렵겠습니다.

악중선: 회마다 끝부분에 다음 회에 대한 기대를 심어 주는 전략이 필요합니다.

김기우: 악중선 신생님께서 '철저히 독자 위주의 글쓰기가 웹소설의 태도'라 하신 말씀을 소중히 새기겠습니다.
이렇게 귀한 시간 내 주셔서 감사합니다.

악중선
중원 구파일방 무예 초식을 연구하다 글쓰기의 매력에 빠진 작가 악중선은, 묵직하고 연륜이 느껴지는 글을 쓰는 작가다. 무협과 대체역사, 재벌물과 증권물 등 장르를 가리지 않고 글을 쓰는 그는 진중하고 현실감 넘치는 필치로 독자들을 자신의 세계로 끌어들인다.

디지털 시대의 새로운 장르, 디카시

박남희(시인, 문학평론가)

1. 뉴미디어 시대의 디카시 출현과 발전 가능성

문학을 비롯한 한국 문화예술의 세계화는 디지털 시대의 도래와 맞물려 있다. K-POP, K-드라마, 영화 기생충, 오징어게임은 물론 BTS, 블랙핑크 등 한국의 대중음악이 세계적으로 각광을 받게 된 것은 디지털 시대의 대표적인 플랫폼인 유튜브, 인스타그램, 넷플릭스, 틱톡 등 글로벌 온라인 콘텐츠의 유통을 통한 팬들과의 실시간 소통이 가능해진 '팬덤문화'가 큰 힘이 되었다. 이러한 현상은 현대가 '혼종성'을 바탕으로 한 다중 정체성 시대라는 것과도 무관하지 않다. 요즘 스마트폰이 일반화되면서 포스트모던한 감성을 지닌 예술가들을 디지털 노마드(Digital nomad), 또는 호모 스마트포니쿠스(Homo Smartphonicus)라고 부르고 있으며, 이들은 기존의 전통 예술의 틀을 허물고 디지털 시대에 부응하는 소비자 중심의 참여 예술을 자유롭게 복제하고 전달하는 밈(Meme) 등을 활용하여 기존 예술형식의 다변화를 꾀하고 있다.

20년이 조금 넘는 역사를 지닌 디카시의 출현도 디지털 시대와 밀접한 연관성을 지니고 있다. 디카시라는 명칭이 디지털 카메라과 시(詩)의 합성어라는 점만 보아도 충분히 이를 짐작할 수 있다. 디카시 창작자가 직접 찍은 한 장의 사진과 5행 이내의 짧은 시로 이루어진 디카시는 우리가 평소에 누구나 들고 다니는 스마트폰 하나만 있으면 즉석에서 사진을 촬영하여 짧은 시를 짓고 이것을 문학 애호가나 지인들에게 즉석에서 전송, 소통할 수 있는 편리함이 있다. 이러한 편의성은 우리나라뿐 아니라 세계 곳곳으로 디카시가 급속도로 확산되는 파급력을 낳고 있다. 이렇듯 디카시가 빠르게 세계문화 속으로 확산되는 것은 기성시가 지니고 있는 난해성과 전문성, 그리고 문예지나 인쇄물에 갇힌 기성시의 비확산성이 디카시의 간편성과 대중성을 돋보이게 한 것과도 무관하지 않다.

하지만 대중성과 확산성과 간편성이라는 디카시의 특성만으로 디카시의 우수성을 평가할 수는 없다. 과연 디카시가 앞으로 우수한 문학 장르로 정착하여 일반 문학 장르와 견주어도 손색이 없는 새로운 문학 장르로 발전해 나갈 수 있을 것인지에 대한 물음은, 디카시에 관심을 가지고 디카시를 쓰고 있는 모든 창작자들이 디카시에게 던지는 공통적인 질문일 것이다. 세상의 모든 가치가 그렇듯 문학적 가치도 시대에 따라 달라진다. 조선시대에 대표적인 시가였던 시조가 현대에 와서는 현대시나 동시의 뒷자리로 밀려나 있다는 사실은 시사하는 바가 크다. 이런 관점에서 뉴미디어 시대의 시가 어떻게 변화하고, 변화해야만 할 것인가 하는 문제는 우리에게 피할 수 없는 화두가 되고 있다.

뉴미디어의 출현으로 문자 중심의 문학이 영상매체의 영향을 받게 되면서 태생적 필연성을 지니고 나타난 문학 장르가 디카시이다. 시인이자 대학교수인 이상옥 시인에 의해서 세계 최초로 우리나라에서 2004년에 시작된 디카시 운동은 시조처럼 우리 고유의 장르라는 정체성을 지니고 있지만 단순히 우리 것이라는 정체성만으로는 디카시의 우수성과 밝은 미래를 담보할 수는 없다. 스마트폰으로 어느 곳에서나 사진을 찍을 수 있고, 그 사진을 보면서 5행 이내의 짧은 시를 쓰기만 하면 된다는 점에서 대중성은 이미 확보되어 있어서, 앞으로 디카시의 인구가 더욱 폭발적으로 증가하리라는 것은 쉽게 예상해 볼 수 있다. 하지만 디카시의 인구 증가가 디카시의 밝은 미래를 담보해 주는 것은 아니다. 디카시 출현 이전에도 디카시와 유사한 사진시라는 것이 있었다. 종전의 사진시가 기존의 사진에 자신이 쓴 시를 덧붙여서 만든 것이라면, 디카시는 창작자가 직접 찍은 사진에 직접 쓴 시를 결합하여 만들었다는 차이점이 있다. 그리고 사진시가 일반적으로 사진을 설명하는 차원의 짧은 운문이 대종을 이루고 있다면, 디카시에는 사진과 시 모두에 창작자의 창의적 의도가 반영이 되어 이 두 가지 예술매체가 결합하여 완전히 다른 예술시계를 창조해 내는 마력이 숨어 있다는 점이다. 일찍이 수잔 손택이 사진을 단순한 기술매체로 보지 않고, 우리가 세계를 인식하고 경험하는 방식을 근본적으로 변화시킨 문화현상으로 본 것은 디카시 발전에 시사하는 바가 크다.

  프랑스의 후기구조주의 학자이며 문화기호학자인 롤랑 바르트는 '사진에 관한 노트'라는 부제가 붙어 있는 그의 저서 『밝은 방』에서 사진사나 독자가 사진을 바라볼 때 사진이 전달해 주는 정서나 메시지를 '스투디움(studium)'과 '푼크툼(punctum)'으로 나누어 설명한 바 있다. 여기서 '스투디움'은 종전의 사진시에서 보듯 사진을 보는 자에게 사물의 객관적이고 일반적인 정보나 정서를 전달해 주는 것을 말하고, '푼크툼'은 디카시 사진에서 보듯 사진 속의 어떤 요소가 사진을 보는 자의 마음을 관통해서 사진을 보는 주체의 감정을 사로잡는 것을 가리킨다. 롤랑 바르트의 이러한 사진 이론은 디카시의 특성을 설명하는 데 매우 유용하다.

디카시뿐 아니라 일반 사진에도 '스투디움'과 '푼크툼'은 있다. 그런데 디카시를 염두에 두고 찍은 사진에는 이 두 가지 개념의 특징적 요소가 더욱 선명하게 드러나 있다. 하지만 디카시 사진은 어디까지나 디카시를 염두에 두고 찍은 사진이기 때문에 사진만으로는 온전한 의미를 독자에게 전달해 주지 못한다. 이것은 디카시에서 사진 못지않게 시가 중요해지는 이유이기도 하다. 사진예술과 언어예술의 복합체인 디카시가 보다 높은 예술성을 확보하기 위해서는 '스투디움'보다는 '푼크툼'이 강조될 수밖에 없다. 디카시는 사진이 전달해주는 '푼크툼'과 언어매체로서의 시가 보여주는 '푼크툼'이 만나 전혀 새로운 상상력과 창의성을 창출해 내는 장르라는 점에서 의미가 크다.

위에서 말한 디카시가 가지고 있는 기본정신은 들뢰즈와 가타리가 공동 저술한 저서 『안티 오이디푸스』에서 제시한 개념인 '탈영토화'를 통한 '재영토화'와도 연관되어 있다. 사진과 시라는 서로 다른 매체가 결합해서 전혀 다른 새로운 장르인 디카시를 탄생시켰다는 점에서 그렇다. 이러한 시정신은 들뢰즈와 가타리가 『천 개의 고원』에서 제시한, 기존의 수목적 구조(arborescent structure)에 대비되는 개념인 리좀(Rhizome)과도 연결되어 있다. 흔히 '뿌리줄기'로 번역되는 리좀은 기존의 견고한 수목개념을 허물었다는 점에서 탈영토화된 개념이고, 모든 억압이나 기존의 위계질서를 벗어난 탈중심주의적 구조를 가지고 새로운 연결망을 창조해 내고 있다는 점에서 재영토화된 개념이다. 이러한 디카시의 특징은 충분히 현대적이고 새로운 장르로서의 발전 가능성을 담보해 준다.

2. 호모 스마트포니쿠스의 출현과 디카시의 현주소

호모 스마트포니쿠스라는 개념은 물론 현대 인류의 기원이 된 원시인류를 지칭하는 호모 사피엔스라는 개념을 패러디한 것이지만, 그 속에는 아침에 눈을 뜨자마자 스마트폰부터 확인하고, 모든 정보 습득이나 인간관계(소통)는 물론 오락이나 가상세계와의 소통 등을 중시하는 현대인들의 생활습관이 고스란히 반영된 것이다. 디카시 역시 이러한 현대인들의 생활패턴이 낳은 새로운 장르 예술이다. 이러한 디지털 시대의 변화를 철학자 이정우 교수는 기계와 인간의 융합으로 보아 '기계인간화의 산물'이라고 하였고, 일찍이 하이데거는 이를 '도구적 인간' 개념으로 설명한 바 있다. 디카시가 이러한 부정적인 염려를 잠재우고 새로운 문학적 비전을 세워 나가기 위해서는 끊임없는 자기쇄신을 멈추지 말아야 할 것이다.

디카시와 유사한 이론을 찾다보면 에크프라시스(Ekphrasis) 이론과 만나게 된다. 이것은 한 예술장르가 다른 예술을 언어로 재현하거나 묘사하는 것을 말한다. 디카시도 넓은 의미의 에크프라시스라고 말할 수 있다. 하지만 디카시의 푼크툼적 특성을 감안해 보면 오히려 디카시는 현대적이고 창의적인 에크프라시스의 혁신형이라고 부를 수 있을 것이다. 이처럼 다양한 디카시에 관한 이론도 실제적인 디카시 창작에 접목시키지 못하면 죽은 담론에 머물 수밖에 없다. 그런 의미에서 현재 창작되고 있는 디카시를 꼼꼼히 살펴보는 과정을 통해 정확한 디카시의 현주소를 깨닫고 그 한계를 극복해 나가는 자세가 필요하다.

기린 무늬 길이다.
기린이 되고 싶은 길이다.
아프리카로 초원으로
뻗어가고 싶은 길이다.

- 김왕노, 「길의 꿈」 전문

이 시는 2016년 봄부터 계간으로 새롭게 출발한 잡지 『디카시』에서 제정한 제2회 디카시 작품상 수상작이다. 이 작품을 심사한 심사위원 김종회 교수에 의하면 이 작품은 "디카시 운동 10년이 넘은 이

즈음에 디카시의 이름을 빌린 유사 창작품들이 난립하고 있"는 상황 속에서도 "문자시와 차별화되어야 하며 영상과 문자의 조화, 그리고 상상력의 명징함은 물론 시적 의미를 확장하고 그 심층을 감응력 있게 표현하고 있"는 디카시의 덕목에 부합하는 작품이다. 이러한 심사평을 통해서 우리 알 수 있는 것은 우리 주변에는 아직도 유사 디카시가 혼존하고 있고 이러한 혼돈 상황을 극복해 나가는 과정에 디카시의 현주소가 있다는 점이다.

 위 시는 상상력이 단계적으로 뻗어 나가서 '길의 꿈'에 이르는 과정을 보여 준다. 창작자가 길에서 기린 무늬를 발견한 것이 이 디카시의 출발점이다. 그런데 시인의 진술이 "기린이 되고 싶은 길이다. / 아프리카로 초원으로 뻗어가고 싶은 길이다."라는 상상력의 확장을 이룰 수 있었던 것은 사진을 단편적으로 바라보지 않고 푼크툼적 창의적인 눈으로 바라보았기 때문이다. 이 시는 시인의 창의성이 파괴적으로 나아가지 않고 비교적 온건한 상상력의 범주에 놓여 있다. 하지만 이와는 대비적으로 시인이 제시한 사진기호와 문자기호 사이의 거리가 멀어서 조금은 파격적으로 느껴지는 작품들도 있다.

결국 이런 날 올 줄 알았네라
저기가 바로 주막인데
이렇게 많은 황금을 갖고도
막걸리 한 잔
마실 수가 없는 날

- 김남호, 「빈손」 전문

이 작품은 2022년도 '제15회 경남고성 국제디카시페스티벌'의 '제8회 디카시 작품상' 수상작이다. 이 작품은 앞의 김왕노 시인의 작품에 비해 6년이라는 세월이 흐른 후에 생산된 작품이라는 점 때문인지 상상력의 자유로운 확장을 통한 파격이 보인다. 이 시의 심사평에 의하면 이 시는 영상과 시적 언어가 조화를 이룰 뿐 아니라 '의미의 증폭'까지 이루어 낸 시로 평가하고 있다. 시인은 사진 속의 초가집을 주막으로 보고 은행나무 아래 떨어져 있는 노란 은행잎을 황금으로 보고 이를 적절한 시적 상상력으로 언어화하는 묘미를 보여 준다. 특히 "저기가 바로 주막인데 / 이렇게 많은 황금을 갖고도 / 막걸리 한 잔 / 마실 수가 없는 날"이라는 시적 언술을 통해 '빈손'이라는 제목을 도출해 내는 솜씨는 평범하지 않다. 하지만 이 시가 김왕노의 시보다 우월하다고 단적으로 말하기는 어렵다. 위에서 언급한 두 시는 서로 다른 특장점을 가지고 있는 수작들이다. 그리고 이러한 상이점은 오히려 디카시의 폭을 확장시키는 데 중요한 덕목이라고 생각된다.

이걸 그으면
초록불이 확 일어날 거야

- 송찬호, 「성냥개비」 전문

이 시는 『쿤트라』 2024년 7월호에 발표된 작품이다. 그림을 자세히 보면 콘크리트 담장에 식물이 푸르게 나있고 그 아래로 물이 흐른 듯한 한 줄 금이 그어져 있다. 길을 가다가 우연히 발견했을 법한 이 광경은 시인의 다르게 보기에 의해서 성냥개비로 은유된다. 시인의 이러한 새로운 관점은 일상에서 우연히 지나칠 수 있는 평범한 대상을 평범하지 않게 보아 내는 푼크툼적 관찰의 눈이 있었기 때문이다. "이걸 그으면 / 초록불이 확 일어날 거야"라는 시인의 진술 속에는 단순히 대상을 다르게 보려는 차원을 넘어서서 환경생태학적 상상력이 스며 있다는 생각이 든다. 요즘은 문명의 지나친 팽창으로 인해서 자연(초록)은 점점 위축되고 파괴되어 가는 시대이다. 이런 시대에 확 일어날 초록불을 꿈꾸고 있는 시인의 진술은 그 속에 문명에 의해 훼손된 자연의 회복을 바라는 시인의 소망이 깃들어 있다. 이 작품은 디카시가 사진과 짧은 시를 통해서 단순히 신선한 표현이나 다르게 보기의 차원에 머물러 있지 않고, 창작자의 선명한 주제를 담아내는 '디카시의 깊이'에 힘을 보태는 수작이라는 점에서 주목된다.

한 발 뒤에서 다시 보면
온몸으로 봄을 싣고 날아가는
새 한 마리

– 리호, 「투영」 전문

　제4회 디카시작품상 수상작인 이 작품은 흡사 '루빈의 잔'을 바라볼 때의 착시현상을 활용하여 쓴 디카시로서 디카시 창작의 새로운 모범을 보여 주고 있다. '루빈의 잔'은 자신이 생각한 것만 옳다고 생각하는 현대인들의 편견을 깨는 데 유용한 그림이다. 위의 그림 역시 언뜻 보면 갈라진 바위틈으로 푸르게 펼쳐진 밖의 풍경이 보여 주는 사진 속 풍경으로 보이지만, 시인의 진술처럼 "한 발 뒤에서 다시 보면 / 온몸으로 봄을 싣고 날아가는 / 새 한 마리"가 보인다. 여기서 "한 발 뒤에서 다시 보"는 행위는 디카시 창작자들에게 꼭 필요한 덕목이다. 이것은 일찍이 김동리가 김소월의 「산유화」의 '저만치'라는 표현에서 '청산과의 거리'를 발견한 것에 비견된다. 이런 관점에서 리호 시인의 '한 발 뒤'는 대상을 새롭게 바라보려는 시인의 '창의성의 거리'라고 말할 수 있다.

발이 젖기 직전입니다.
삼만 육천 년이나 뛰어왔는데
이대로 가라앉아야 합니까
말들의 수심이 차오릅니다

– 정민나, 「코스커 동굴벽화」 전문

이 시는 정민나 시인의 디카시집 『지구 스타일러』의 첫머리에 실려 있는 작품이다. 이 시는 우선 시의 공간이 탈현대적이고 이국적인 특징이 있다. 이러한 소재들은 우선 새롭고 낯설다. 시인은 이 그림 속에서 어디론가 뛰어가는 말에 주목한다. 시의 기법적인 측면에서 보면 이것은 일종의 전경화이고 낯설게 하기이다. 바닥에 물이 고여 있는 삼만 육천 년이나 된 동굴 속에서 벽화 속 희미한 말의 그림을 발견하고 그 말들을 바닥의 물과 연결하여 '발이 젖기 직전'의 말을 설정해 내는 시인의 안목이 예사롭지 않다. 말이 벽화로 그려진 연대와 그 벽화를 발견해서 바라보고 있는 현대와의 시간적인 거리를 달려온 말에 주목하여 '역사의 연속성'이라는 주제를 낯설게 드러내는 데 성공하고 있다. 특히 마지막 구절 '말들의 수심'에서 '수심'은 '물의 깊이'와 '마음의 근심'을 표현하는 중의어로, 예나 지금이나 변함없는 세상사의 근심을 "말들의 수심이 차오릅니다"는 절묘한 표현으로 마무리 하고 있다.

쉿!
봐봐, 움직이잖아 꿈틀꿈틀
개똥쑥 같은 그늘에서
초록 햇살을 품고 가는 애벌레야

- 서동균, 「봄」 전문

세 명의 아이들이 둘러앉아 소꿉놀이를 하는 장면에 애벌레를 끌어들여 봄과 생명의 소중함을 표현한 작품으로, 2018년도에 처음으로 중학교 1학년 교과서에도 실렸다. 사진 속 아이들이 손가락으로 가리키는 것이 애벌레인지는 정확히 알 수 없지만, 시인의 상상력이 "개똥쑥 같은 그늘에서 / 초록 햇살을 품고 가는 애벌레야"라는 뛰어난 시적 진술과 만나 한편의 훌륭한 디카시로서의 개연성을 얻고 있다. 이 작품이 시사해 주는 것은 좋은 디카시는 사진과 시가 조화롭게 만나 새롭고 생생한 주제를 창출해 낼 수 있어야 한다는 점이다. 만약에 이 시의 제목이 소꿉놀이였다면, 어린 아이들의 이미지에서 나오는 생동하는 봄의 이미지에는 이르지 못했을 것이다. 일반 시 장르에도 동시가 있듯이 이 시는 일종의 디카 동시라고 말해도 좋을 우수한 작품이다.

소년 소녀의 추억 수숫단
주인 잃은 수숫단
비바람에 날아갈까
눈보라에 얼어버릴까
여름 내내 꽁꽁 묶어주는 넝쿨

- 윤예진, 「기다림」 전문

이 작품은 2017 황순원문학제 제1회 디카시공모전에서 대상을 차지한 계원예고 1학년 학생의 작품이다. 이 행사는 2017년 7월 1일부터 8월 19일까지 경기도 양평 일대와, 황순원 문학촌 소나기마을을 직접 답사한 후 작품을 창작하여 디카시연구소 홈페이지 응모 게시판에 실시간으로 응모하는 방식으로 진행되었다고 한다. 이 작품이 대상으로 뽑힌 것은 심사평에도 나오듯이 "황순원의 소설 「소나기」에 나오는 소년과 소녀의 추억 수숫단이 환기하는, 환유적 상상력과 넝쿨 이미지의 조합으로 원형적 순수 표상의 상징을 이끌어낸" 우수한 작품이다. 특히 "주인 잃은 수숫단 / 비바람에 날아갈까 / 눈보라에 얼어버릴까 / 여름 내내 꽁꽁 묶어주는 넝쿨" 이미지는 소설 소나기 두 주인공의 순수성을 지켜 주고 싶은 창작자의 연민이 들어 있어 더욱 따뜻하게 느껴진다. 이 작품은 2019년 창비출판사 고등학교 교과서 '언어와 매체'에 실려서 그 우수성을 인정받은 바 있다.

3. 앞으로 디카시가 나아가야 할 방향과 남은 과제

 스마트폰의 보급과 디지털 환경의 변화에 때맞춰 세계적으로 폭발적 호응을 얻고 있는 디카시 운동은 과연 어떤 방향으로 전개될 것인지, 이런 호응이 언제까지 지속될 것인지 쉽게 예단하기는 어렵다. 하지만 디카시가 요즘 디지털 세대의 감성에 맞는 요소를 많이 가지고 있고 대중성과 예술성을 동시에 추구할 수 있는 몇 안 되는 예술 장르라는 점에서 희망적이다. 디지털 카메라 하나만 있으면 언제든지 좋은 사진을 얻을 수 있고 짧은 글에 대한 감수성만 조금 있어도 충분히 쓸 수 있는 것이 디카시이기 때문에 대중성을 지속적으로 확보하는 문제는 큰 걱정을 하지 않아도 될 것 같다. 하지만 디카시가 질적으로 성장하는 문제는 하루아침에 이루어질 일은 아니다. 우리의 전통 시가인 시조가 정형시조에서 차츰 사설시조로 발전했

듯이 디카시 역시 수시로 변화는 디지털 환경에 맞추어 새로운 변화를 모색하게 되리라 생각된다.

현재 사진과 문자 위주로 이루어진 디카시가 언젠가는 색다른 쇼츠의 형식으로 발전하게 될지 누가 알겠는가? 그리고 시조에도 연시조가 있듯이 디카시에도 연디카시가 생겨서 짧은 여러 개의 디카시가 합쳐져서 버라이어티한 하나의 디카시가 탄생할 수도 있을 것이다. 요즘 현대 시 중에는 공동창작 시가 있는데, 디카시 역시 공동창작 디카시도 가능할 것이다.

이상과 같은 필자의 엉뚱한 상상은 다가올 미래에 과연 바람직한 것인지, 그리고 이러한 것들이 당대에 실제로 실현될지는 모르지만, 현 시점에서 가장 바람직한 것은 질적으로 우수한 디카시다운 디카시를 창작하는 것이다. 특히 우리나라 고유의 문학 장르인 디카시가 새로운 한류문학으로 자리 잡기 위해서는 우선 국내 디카시 운동이 더욱 활성화되어 그 동력으로, 더욱 다양한 나라로 세계화의 기반을 넓혀 나가야 한다. 구글 번역기나 챗GPT 등의 디지털 환경은 디카시 운동의 세계화의 걸림돌이 되었던 언어장벽을 많이 낮춰주었다. 현재 디카시 공모전이 국내인뿐 아니라 외국인을 대상으로 일부 진행되고 있지만 이런 행사가 더욱 세계화되고 전문화되어서 장차 노벨상 같은 권위 있는 디카시 상이 제정되기를 기대해 본다.

박남희
1996년 『경인일보』, 1997년 『서울신문』 신춘문예로 등단. 시집으로 『폐차장 근처』, 『이불 속의 쥐』, 『고장 난 아침』, 『아득한 사랑의 거리였을까』, 『어쩌다 시간여행』이 있으며, 평론집으로 『존재와 거울의 시학』이 있고, 현재 시 전문지 『아토포스』 발행인 겸 편집주간으로 있다.

디카시

초승달 외 1편/유병욱

다리 없는 의자가 검푸른 벽에 걸쳐 있다
부는 바람에 용케도 흔들림 없이
앉을 사람을 기다리는 심지가 굳은가 보다

참깨꽃

흰 바탕에 연보라 머리핀이 머리카락에서 하나 둘 떨어져요
쓴맛을 문 채 당신을 생각하며 작은 손 합장했어요
두 손 가득 커 가는 고운 정을 움켜쥐기가 버거워져요

유병욱
- 한국작가회의 양주지부 부회장
- 2017년 희망봉광장 등단

삶 외 4편/임영희

아득한 生의 출발선

무한 가능성을 지닌 꿈 하나가
마침내
힘찬 첫걸음을 내디뎠다

나신

찜통더위를 견딜
재간이 없는지

태양의 옷을 입고
시원하게 익어갔다

나도 꽃이다

봄꽃이 부러운 여자가 둥근 보따리를 이고 와
나도 꽃 핀다고 소리쳤다

잉잉잉
온종일 파밭에서 질펀한 신음이 흘러 나왔다

기역자

낡은 빈 수레가
무딘 낫 한 자루를 끌고 간다

한 生을 소진한 후에야
문자를 해독한 女子가
온몸으로 기역자를 썼다

한석봉 어머니

새벽녘
찬 이슬을 밟고 와

골뱅이 한 접시를
자로 잰 듯

썰어 놓고 간 그녀

임영희
충남 연기(현 세종시)에서 태어났으며 한국작가회의 회원으로 활동 중이다. 저서로는 시집『맑게 씻은 별 하나』,『날마다 너를 보낸다』,『나비가 되어』,『웅덩이 속 미술관』 등이 있으며 산문집『스물의 언덕』이 있다

조이는 손, 피는 꽃 외 2편/강옥매

그곳에 물 주는 법은 한 동이씩 들고 가 쓱 뿌리면 된다. 땀도, 말도, 농사의 결도 모르는 남자 그는 농기구와 공구를 사랑한다.

낫자루 한 번 잡아 본 적 없는 어린 시절, 그의 주머니를 불룩하게 만든 것은 장난감이 아니라 펜치, 스패너, 드라이버 그는 그런 것들로 세상을 조이고, 마음을 풀었다.

은행원이 된 그는 학창시절 공구로 필기해 장학생이 되었다. 지금은 텃밭 가장자리에 드라이버를 꽂는다. 결혼 후, 수없이 반복된 간섭에도 고쳐지지 않는 습관 하나, 푸쿠옥 여행길, 주섬주섬 공구를 챙기는 남편

지친 아내는 알고도, 그냥 내버려둔다. 공구에 대한 사랑은 공항 검색대조차 통과하지 못한다. 공구가 그를 놓지 못하는지 그가 공구를 놓지 못하는지 저 오래된 집착,
손바닥만 한 텃밭 농사 한 번 제대로 지어 본 적 없는 그가 손주보다 먼저 챙기는 것은
스패너의 광택, 드라이버의 무게다. 물 캐리어가 고장 나자 그는 벽돌을 옮기는 운반기를 사 왔다. 서울에서 양주까지 지하철을 타고, 버스를 갈아타며 그것을 끌고 왔다.

언제 땅 주인이 나타나 갈아엎을지 모르는 댓 평 텃밭 그 속에서 고추, 가지, 토마토는 배 냄새, 젖내 풍기며 가녀린 꽃을 피운다. 그리고 그 옆에서, 부부 싸움은 땅을 흔들고 수차례 경기를 치르듯 텃밭은 조용히 떨고 있다.

여인은 기도 중이다

맨발로 기도하는 여인이 있다

열세 해 월세방에 살며
날마다 종교 채팅을 시도했다
"예수님, 응답 좀 부탁해요"
신호 없음

어느 날, 전도사님이
택배처럼 문 앞에 서 있었다
"주님이 보내셨다!" 여인은 설렜고
밤새 영접 모드 돌입
그날 밤, 교회에 정착

이후 여인의 일과표는 간단했다
새벽 출근 - 교회
저녁 야근 - 교회
하루 두 번, 정성껏 하나님께 출석 체크

그 사이 남편은 이탈했다
새 여정, 새 여인, 새 삶

그는 떠났고
돌아올 생각은 없었다
(아니, 있었을지도 - 밥이 그리워질 즈음엔)

여인은 차분했다
머리채? 안 잡았다
욕? 안 했다
기도로 다 처리했다 (진짜다)

그리고 일곱 해쯤 지난 어느 날
남편이 돌아왔다
양말도 없이, 민들레처럼 쓱

여인은 문밖을 보았다
민들레가 피어 있었다
예수님이 걷고 있는 줄 알았다
맨발로, 그 길을

그리고 깨달았다
아, 그분도 신발이 없으셨구나
월세방살이 오래하면
누구나 발이 가벼워진다

여름장사

터줏대감이 된 버즘나무가 난전을 펼쳤다

늘어진 팔을 흔들며 태양에서 대출을 받는다 펼쳐 주는 그늘은 신용이다 원금은 바람으로 갚겠다고 허공에 서명한다 어깨를 까치에게 내주고 뿌리는 개미에게 내주었다 바람이 돌아가는 밑동은 길손에게 내주었다 203호 할머니가 징징대는 손자를 업고 들어왔다 손자의 엉덩이를 쓰다듬으며 자장가를 부른다 노랫가락이 오늘 마수다 잠들지 못했던 열대야도 이 장사꾼 아래에선 편안해진다 받는 것 없이 주는 것이 더 도탑다 밑지고 판다는 말을 여름 내내 믿기로 했다 퇴근길에 가끔 동쪽으로 진열해 놓은 그늘을 보았다

강옥매
- 2015년 시에 등단
- 시집:『무지개는 색을 어디에 놓고 사라질까』
- 한국작가회의 양주지부 회원, 시촌 동인

당신의 8월, 여름 외 1편/김경곤

초대하지 않은 불청객이 들이닥쳤다
야음을 틈타 귀를 찢는 비명, 내 귀가 울고 있다
파멸음을 세다 뒤척이는 밤
매미 울음이 옮겨 왔다
아니 검은 구름 천둥의 울음이다
하릴없이 왔다갈 슬픔은 아닐터
시계 초침 소리가 귀를 찢는다
슬픔이 놓고 간 기시감인가
낯선 시간이 강물처럼 흐르고
초침소리의 굉음 속 뜨거운 팔월이 생경스럽다
매미 날갯짓을 배웠나
귀뚜라미가 울고 있다
장맛비 소리인가 태엽 감는 소리인가
쇠 깎는 소리인가
이 밤의 구렁이 울음 같은
이명

발칙한 봄

밤이 길었었나

사패봉에서 내려오다
계곡 사이로 미끄러졌다

까진 무릎 아래로 흐르던
실개천 수위가 높아지고
진달래 웃음처럼 발그레진 봄
미끄덩한 봄이 촉촉이 젖어
두릅나무에 맺힌 이슬처럼 새끈한 봄

새벽 등신불이 불룩 솟았다

김경곤
- 2007년 시집 『황동부전나비의 비상』으로 작품 활동 시작
- 2007년 시산맥상, 영농문학상 수상

통증 — 성병관리소 외 2편/김대용

평온의 균형을 깨고
유리 조각이 일상 속으로 파고든다
이 세상 어디에도 없었을 듯한 절망이 내 속으로
미끄러져 들어온다

혼미한 정신
숨조차 쉬지 못하고
죽음 편으로 끌려갈 땐
우뚝 선 아름드리도
여린 풀잎이 되어
단방에 갉아 먹히는 걸 본 적이 있다

이 순간이 바람처럼 지나갈 수 있을까
이 순간을 견디면
다시 아름드리가 될 수 있을까
이렇게 유리 박힌 상처는
한 발 디딜 때마다 더 깊이 파고들어 뼈를 찌르는데…

성병관리소 앞 천막 농성장

성병관리소 앞 천막 농성장은
거기에 있던 겁먹은 순한 눈들이 흘리는 눈물을 보고
울음소리를 듣는다
철사로 칭칭 감긴 몸엔
철사가 파고들어 살이 파이고 피가 흐른다

거기서 만난 거기에 없는 그녀가 말했다.
"더러워진 몸은 더러워!"라고 지옥이 말했고
말은 명령이 되어 복종해야 살 수 있었어.
억울해. 힘없고 가난한 원죄는 용서받지 못할 낙인이 되어
이번 생을 재물로 내놓아야 했어
전쟁과 미군과 국가가 쳐 놓은 덫에 걸려들었던 거야
우리가 할 수 있던 건 흐느끼고 몸부림치는 게 전부였어

아! 처음으로 돌아갈 수만 있다면
기운 집일망정 사립문에 맴도는 잠자리를 쫓을 수만 있다면
허기진 장독일망정 튀는 햇살을 부엌 너머로 다시 볼 수만 있다면
옆집 순이의 까만 손톱에 봉숭아물을 들여 줄 수만 있다면

시간은 야속쿠나 벌써 팔순
잃어버린 내가 어디에 있을지
저기 동두천 성병관리소에 쌓이고 쌓인 두터운 먼지 걷어 내면 있을까

성병관리소 앞 천막 농성장은 눈물을 닦아 주며 말한다
이곳 성병관리소는 이제는 아픈 장소가 아니라
당신의 사립문이 되고 장독이 되고 순이의 손톱이 될 거라고
이제 곧 당신의 몸에서 철사가 잘려 나가고 그 자리에 새살이 돋을 거라고
두터운 먼지를 걷어 내 잃어버렸던 우리를 함께 찾자고

매일을 산다는 것

매일을 산다는 것은
일 년 365일 내내 꽃을 피우는
힘든 일이다

어느 꽃이 그럴 수 있으랴 묻지 마라
햇살 좋은 곳에 떨어져
흙이 좋고 바람이 따뜻하고 비가 오니 그럴 수 있었다고
쉽게 말하지 마라

꽃 피움을 이루기 위해
꺾이고 밟히고 뽑히며 살아 낸 시간 속에
넓고 깊은 뿌리를 내리는 일이
매일을 산다는 것이다

매일을 산다는 것은
가느다란 빗줄기로 마음 씻고
큰 잎 나무 사이를 기필코 빠져나와 차가운 가지를 덥혀 준
햇살과 노래하며
거세게 달려드는 바람의 날카로운 아픔을 쓰다듬는 일이다

희미하게 먼 씨앗의 꿈을 기억하는 일이다
피고 지고 다시 썩어져 거름이 되는 일이다.

매일 꽃을 피우는 것을 알아야 매일을 살 수 있다

김대용
- 현 경기북부평화시민행동 대표, 아름다운 최&김치과 원장
- '동두천옛성병관리소철거저지를위한공동대책위원회' 공동 대표

외출 외 2편/김명

근로 재활대 유리문에
손때 묻은 쪽지가 붙었다

"잠깐 외출 중, 용무 있으신 분 연락 주세요."

한 평 공간에
평생을 수그린 그가
긴 용무를 보러 갔다

달의 고요

가지런히 뼈를 세운다
뼈와 뼈를 가로로 세로로 엮는다
한 발 뒤로 물러서니 작은 입들이 허공이다
하부에서 상부까지 서서히 살을 채웠다
쿵 한 번 헛손질에
쿵 두 번 내리치는 호통이 있다
상자 속의 입이 우우 속 트림한다

상자에 담긴 입을 던진다
입이 데구르르 구르다
웅덩이에 쑥 빠진다
보이지 않는 입
입안의 고요가 흔들린다
허기진 입이 달에 갇힌다

문 좀 두들겨 주세요

그동안 도움을 주셔서 감사합니다
창피하지만 며칠째 아무것도 못 먹어서
남은 밥이랑 김치가 있으면
저희 집 문 좀 두들겨 주세요

다가구 주택 조그만 월세방 문(門)에 쪽지가 붙었다
따뜻한 밥이 다가갔을 때 그녀는 식어 있었다

사람들은
아,
했다

김명
충남 청원에서 태어났다. 『시선』으로 등단했으며 한국작가회의 회원으로 활동 중이다. 시집 『로망을 찾아서』, 『잠실역 1번 출구 버스 정류장』 등이 있다.

시간여행자 외 1편/김영은

  기억하지 말아야 할 것이 자꾸 생각나고, 별별 것을 지우고 지운 것을 표절한 빗소리가 묻지 말아야 할 것을 세차게 고문한다 묻는 말에 대답하지 않는 음모처럼 축축한 속내를 들키고 싶지 않은 납작해진 마음이 눅눅한 슬픔 가르는 신음 사이에 끼여 굵은 빗방울과 조우하며 빗속을 달린다

  책을 만진다는 여자의 손가락엔 죽어도 좋을 힘이란 증거가 있다 무적의 핸들을 잡고 행간에 빠져 우울해하며 빗방울의 꼬리를 무는 수사관처럼 이곳저곳을 탐색하며 빗물에 얼룩진 기억을 털어 내기 위해 무한 질주하는 그녀의 손목은 하늘은 올려다본 적 없는 계절이었다

  비를 표절하고 싶은 녹색 바람이 어지러운 구름에 아부하자 금세 후드득후드득 임무를 수행한다 그녀를 치장한 색깔이 빗물에 씻겨 아무것도 생각나지 않고 슬그머니 돌아가자는 생각만 빗물에 고인다

뜬구름잡는 일

　음식에는 손맛이 있고 재물에는 노력하는 맛이 따라야 공든 탑이 무너지지 않을 텐데 손가락 몇 번의 클릭으로 대박의 꿈을 꿨으니 내 코가 석자

　조화로 만들어진 꽃에 향기가 없는 줄 뻔히 알면서 날마다 정성이 없는 재물을 탐하느라 아침에 눈만 뜨면 주식의 노예가 되어 창을 띄워놓고 벌겋게 오르면 속없이 좋아하고 시퍼렇게 내리면 파란 하늘조차도 위안이 되지 않는 흐릿한 망막이 하루를 지배하는 것은 당연지사

　설령 좀 벌었다 치자 영구성이 지속되기는커녕 더 많은 돈을 쏟아붙느라 돈을 내 마음대로 쓰지도 못해 전전긍긍하는 하락지수보다 인품 하락하는 것이 마음에 걸려 영웅문에 붙은 오늘의 무료 운세를 보니 세상사 모든 일은 "요행과 머리로 되는 것이 아니라 시와 때가 있음을 절감하는 시기"라고 시황보다 더 속속들이 일깨워 준다

　아 급락하는 장세에 소비해야 할 내 신뢰가 곤두박질치고 있다

김영은
- 2003년 월간 『시사문단』 시 등단, 『스토리문학』 수필 등단
- 도서출판 다시올 대표, 다시올문학 발행인

파란 외 2편/김은희

봄부터 기다리고 있었다
굶주린 몇 가지가 종묘상부터 올라오길

상상은 키보드 위에 앉았고
난 연잎 같은 새싹을 찍어 내고 있었다

누가 알았을까?
자음과 모음이 이렇게 아름답다는 걸

간질간질 발아되는 어순의 고백들
가끔은 다시 심어도 좋은 햇살들

파란을 위해 이목구비가 점점 또렷해지는
장마를 이겨 내고 여름이 되고 있었다

기미 혹은 주근깨

너는 다른 행성에서 떨어진 별똥별
잘 살았다고 기도하다 훅 가 버린
믹스커피 한 잔에 잠 못 드는 섬! 섬! 섬!

이십대를 기억하는 두근두근 심장 조각들
밤보다 깊은 계곡 속에 내려앉은
잃어버린 하루의 빛나는 화학 작용

저절로 그려지는 분첩 속의 수묵화
아무도 알 수 없는 만년설 전설 같은
광대에 올라선 조금 높은 자존심

우울한 비둘기

비행은 곡선을 헷갈리게 하고 꼬임은 버려지는
기억들의 잔재를 무뎌지게 한다
음정도 박자도 없는 늘 똑같은 노래 속에
무너지지 않으려 부스러기에 기대어 사는 그는
기웃대는 골목 전선 위에 앉아 실속 없이
위태로운 25,000볼트 낭만에 빠져 있었다
심심풀이 먹잇감인 풍경은 제 노릇을 못 하고
주위에 흡수되어 버린 안개와 같다
불투명을 투명으로 봐도 투영된 그림자는
선을 넘은 이야기들이 마침표를 찍지 못해도
그는 늘 정점에 있는 신이라는 착각에 빠져들어
누추한 그 골목을 떠나지 못하게 했다
비행이 비행이 되는 몸짓 여러 가지를 뱉어 내고
허기지면 다시 곡선의 비행을 말아 마신다
정신 못 차리는 더위를 품은 정수리에서
하루가 그려지고 기억되기 전
우울한 낙조가 퍼지면 또 다시
그 공간은 안도하는 무리들이 등을 부비는…

김은희
- 경기도 포천 출생
- 한국작가회의 양주 지부 회원
- 한국두줄시인협회 회원
- 2001년 삶사랑시 동인 『잃어버린 시』 외 다수 공저
- 시집: 『별 따다 은하수 만들기』

가슴으로 켜는 등 — 빛 외 2편/김정운

시장통 허름한 골목길 모퉁이에 있는
백반집
한 상에 오천 원으로 허기진 배를
따뜻하게 데워 주는 곳이다
이곳에는 사람의 향기로도
가슴 뭉클함이 살아 있다

고물상 같은 자전거 수리점에서
할아버지의 리어카를 부품을 찾아 가며
단단하게 고쳐 건네면서
이제 끄떡없으니 한번 끌어 보세요
할아버지는 주머니에서 꼬깃꼬깃 접어 둔
돈을 꺼내면서
수고했네 얼만겨?
아니에요 돈 들어간 거 없으니
걱정마시고 넣어 두세요
고장 나면 언제든지 오세요

가슴 뜨겁게 고마운 빛은 할아버지의
남은 시간들을 감동으로 채워 갈 것이다
눈에 보이지 않는 곳곳에서 진정으로
켜는 등불은 춥고 어두운 곳을 구석구석
다독이며 위로해 주는 사람들이
이 세상을 밝혀 가는 빛인 것이다

몽마르뜨의 언덕

그의 마음이 담겨 포근한 숄 하나가
파리에서 내게로 왔다

긴 외투를 입고 다갈색과 짙은 회색으로
물든 숄을 두르고
나는 잠시 몽마르뜨 언덕에 앉았다

영화의 기억이나 눈앞의 풍경을
눈이 모자라 다 담을 수 없고
구태여 말도 필요치 않았다

애절한 사랑은 다 가고 없지만
옛날이나 지금의 사랑도
하늘과 저 들판처럼 충만하고 귀하다

꼭두각시

빨간불, 파란불, 노란불
신호등을 스스로 만들어 놓고
내게 방향 지시를 한다
그는 아프다는 이유로

불문곡직(不問曲直)
나는 꼭두각시

김정운
- 경남 함안 출생
- 1995년 『시대문학』 봄호신인상 등단
- 시집: 『내가 사는 마을』, 『바람은 그 언덕을 다듬으며 지나가고』, 『저물도록 색칠만 하였네』 등
- 1992년 불문예 「출가」로 삼오문학상 대상 수상, 2024년 10월 현대불교 문학(대한불교 조계종 총무원장) 공로상 수상

흠향 외 2편/김홍성

좋은 술이 있어도 몸이 받지 않으니, 흠향만 한다.
술도 몸도 서로 아껴서
늙어 죽도록 흐뭇하게 지낼 수도 있었으련만
어쩌다 몸은 몸대로, 술은 술대로, 서로를 가벼이 여겼던가.
이팔청춘부터 거칠었던 술버릇에 몸을 버린 벗이여,
세상 버린 벗이여,

흰 꽃

칠순 지나고부터 흰 꽃이 눈에 들어온다.
바람에 흔들리는 흰 꽃 그림자에
눈길이 더 오래 간다
흰 민들레, 흰 철쭉, 흰 코스모스, 흰 아카시아꽃.
흰 꽃의 회색 그림자와 초록 풀잎의 명암이
흙과 먼지와 바위 위에서 일렁이는 걸 보면서는
이제 슬슬 돌아가도 되겠구나 싶기도.

기는 벌레, 서 있는 바위

우리 스님 어려서 직지사 가는 길에
일주문 앞 개울에서 세수하다가
사람 말하며 날아가는 산새들을 만났답니다.
- 참 맑기도 하대이, 떠 이고 싶구마.
- 떠 인다 카드니 와 그냥 오노.
산새들은 까르르 웃기도 하더랍니다.

우리 스님 수좌 되어 동안거 하안거
이 절 저 절 수십 안거 마치고 옛 절에 돌아오는데,
일주문 앞 개울에서 머리 감는 산새들을 만났답니다.
개울 속 바위 위에 백동 비녀 하나씩 빼 놓고서
파뿌리 같은 머리 감는 산새들을 보아하니
아무래도 옛날 그 산새들이지 싶어
세수하던 두 손을 잠시 모았답니다.

기는 벌레, 서 있는 바위,
다 같이 성불하여지이다.

김홍성
- 『반시 8집』으로 등단
- 시집 『나팔꽃 피는 창가에서』, 산문집 『트리술리의 물소리』 등

만지작거리는 비요일 외 3편/나병춘

투수가 만지작거리던 공이
시속 160킬로로 날아간다
딱, 정통으로 맞은 타구가
훌쩍 담장을 넘는다
와, 장내가 떠내려갈 듯한 도가니

나는 티브이를 보면서
숟가락을 만지작거린다
젓가락으로 김치를 떠서
입안에 눈은 시종 티브이 화면에 고정되었다

눈은 화면을
손은 숟가락 젓가락을
젓가락은 허공을 더듬다
훌쩍 콩나물 대가리로 날아간다

비 오시는 날
홈런 날릴 것 별로라서
추어탕으로 점심을 때운다
때운다는 건 텅 빈 헛바닥과 목구멍과
밥통을 쓰다듬는 일인가

야구가 끝나자
나의 눈은 신문 지면으로 순간 이동이다
양철지붕에선 난데없는 말발굽 소리
천둥 번갯불 번쩍번쩍
만지작거릴 수 있는 기적의 자유와
할 수 없는 자유는 얼마만큼 차이가 나는가

금붓꽃

금붓 한 자루면
원이 없겠다

붓끝에 맺힌
영롱한 염원 하나

꽃이슬 실바람에
떨고 있을 때

아, 하는 순간 지고 마는
슬픔 한 방울

달의 변신술

누가
저 심드렁한 허공에
문장부호를
찍어 두었을까

우는 아이에게 물어보라
엄마 얼굴이라 한다
춥고 배고픈 사람에게 물어보라
뜨거운 밥그릇이라 하리라

어떤 때는
날카로운 칼이 되기도 하고
또 멍하니 보라꼬 있으면
둥그런 무덤이 되기도 한다

바라볼 적마다
또 다른 느낌표를 던지는
둥그런 물음표 하나

아, 저런 詩는 어디 있을꼬

어떤 청문회

7월 하늘 모서리가
우르릉 쾅 무너진다

천둥 번개 으름장은
누구네 청문회인가

뜨끔한
가슴 한구석

가만히 휴, 쓸어 본다

나병춘
1994년 『시와시학』 신인상으로 작품 활동 시작.
시집으로 『새가 되는 연습』, 『하루』, 『어린왕자의 기억들』, 『쉿!』, 『섬달천 고양이』 등이 있으며, 시선집으로 『자작나무 피아노』가 있음. 현재 '詩和評 시인학교'에서 명예교장이며, 《ECCA 해피드림 숲연구소》 소장 겸 숲해설가.

무명씨 외 2편/문선정

대답만 잘하는 당신,
이름을 말해요

반항의 리듬을 섞은 침묵, 침묵, 침묵

이름이 이름에게 권위를 부여하고
이름은 또 이름을 부르며 소속을 따지는
이런 놀이는 너무 뻔하고 시시하다는
그는 무명씨가 되었다

이름이 없어야 그는 살 수 있다고
그래야 더 몽글몽글한 아름다움을 그려 낼 수 있다고
언제든지,
흔적 없이 사라질 수 있다는 존재를 선택했다
누구도 그의 뒤를 캐지 못해서
그래서 짧은 기억마저 묻힐 수 있어서

비의 젖은 증언, 햇살의 건방진 미소에만
대답하는 그는
무명씨가 자신을 따라다니는 것도 늘 불만이었다

벌레들의 조롱 섞인 눈빛에 질려
그는 무명씨라는 이름마저 힘들어했다

벌레들의 세상에서
어느 날 갑자기, 무명씨가 사라졌다

작설

이구룡, 입이 둘이라 거짓말도 두 배,
천국이 난장판이 된 건 순전히 저놈 입 때문이고,

저팔계, 반도원 열매를 싹 쓸어 먹고도 술김에 딱 잡아뗀다
"내가? 내가 언제?!"

손행자, 자기 머리털을 뽑아 상제 얼굴을 빚더니
선녀들 앞에서 허수아비 쇼.
"상제님이랑 한판 뜨실래요?"

사화산, 연못 물을 들이켜 한 방에 물고기 씨를 말리고,

법사 놈, 저승사자 명부에 온 세상을 같은 날로 적어
천지가 하마터면 집단 퇴근할 뻔

쯧, 쯧, 짹짹, 결국 이 망나니들
천궁에서 쫓겨나
구름이나 세고 바람이나 쓰다듬으며
한량처럼 빈둥대는 신세.
도대체 요괴는 언제 잡으시렵니까
쯧쯧, 짹짹,

오호라, 햇살에 반짝이는 저 야들야들한 작설!

겁도 없이
새 한 마리,
추녀마루 끝에 잡상들을 줄 세워 놓고
머리통을 쪼아 댄다
명색이 요괴 잡는 잡상들이
이러지도 저러지도 못하고 뻣뻣하게 서 있는 꼴,
푸른 하늘이 배꼽 잡고 웃는다

달러 이야기

풀들이 뒤덮인 산 아래
침묵하는 숲과
눈물 젖은 담요의 얼룩진 달러들의 이야기다

파리한 생이 뭉뚱그려진 그들을 달러라 불렀다
한때 달러는 그들의 종교였다

값은 정해져 있었다
거래가 정지된 달러는 페니실린 값으로 정해졌고
달러와 달러 사이에 벌어지는 권력은 자랑 아닌 자랑거리였다

종교보다 센 권력이 달러를 밟고 다녔다
아무도 밟지 않았다고 하지만
이미 으스러지도록 밟혀 있었다

가난을 포섭한
달러들은 웃었고
질문을 배운 적이 없는
달러들은 입을 다물었다
달러를 가진 사람들은 듣지 않는다
듣는 법을 배우지 않았으므로

주머니에 들어간 달러는 땅을 사고 집을 지었다
밟히고 다친 달러는 권력의 달러를 반격할 무기가 없다

탈이 많아 덮을수록 더 선명해지는
몽키하우스,
지금 그곳에 어떤 흔적이 있는지 만져 보는 것이다

문선정
- 2014년 『시에』로 등단
- (사)한국작가회의 회원, 다층시 회원

횡산리, 봄 외 2편/박소영

한탄 한탄 얼음 江
긴 동면의 진액으로
바람이 기지개 켠다
헐벗던 삶의 자투리들도
얼음 풀린 임진 여울 따라 흐르고

척박한 흙에 남겨진 낱알들로
허기를 채워 먼 이별의 서러움을
울컥울컥 쏟고 마는 저 두루미 떼

봄에게 빼앗긴 찬 기운
허공을 맴돌다 산허리에 풀어놓고
하늘 땅 갈라놓은 DMZ 철조망도
슬그머니 품속으로 봄을 안는다

무색함으로….

기억소환

삶의 무게를 걸머진 굽은 등
아직도 미련이 남아
가슴에 맺혀 있는 미움 한 자락
밀물처럼 꽉 차 있던 기억이 편집에 편집을 더해
젊은 시절의 시간들을 팔아넘기며
포개 포개 딱지로 남은
그리움의 자리에 손 객을 들여놓는다
모자람이 한계인 듯 낙하하는 기억 조각들
썰물처럼 빠져나갈 때
또 한쪽의 문이 닫혀 버렸다
아침이면 허락도 없이
어머니의 가슴을 후비고 찾아든 새로운 기억들
메아리 되어 슬픈 노래 부르겠지.

여정

순수 무흠(無欠)으로 태어나
아픔을 아픔으로 슬픔을 슬픔으로
천국과 지옥의 경계선에서
아찔한 줄타기하던 일상들
인식하지 못하는 현실이 기막혀
영원을 노래하면서도
우리의 관심은 온통 순간의 삶에 치우쳐
내면의 거울을 들여다보지 못해
비쩍 마른 우리의 영혼을 알아채지 못하고
무의미한 에너지 쏟기를 반복하며
종착역에 힘든 노구를 내려놓는다
망곡의 쉼터 한 자락에
고단한 몸을 걸쳐 숨표를 찍는다.

박소영
- 경기도 여주 출생
- 아호: 산민
- 한국문인협회 회원, 양주작가회의 회원, 한겨레 서예대전 초대 작가

나비 외 2편/박시우

태풍이 올라오는 날
하얀 나비 팔랑팔랑 날아다닌다

풀잎이든 꽃잎이든
앉을 만한 잎들은
아침부터 모조리 흔들리고 있었다

새들도 없는 공중에서
지상으로 낮게 떠다니는 날갯짓

바람이 한바탕 길을 어지럽혀도
나비는 뒤를 돌아보지 않는다

강변에서

성수대교에서 누가 뛰어내렸을까
다리에는 구급차들이 정차해 있고
강에는 경찰대 보트 두 척이 물살을 갈랐다

살아 있으라,
거룩한 저녁이 오고 있다

하지 무렵

무생채 양념 같은 저녁
내륙인데도 실핏줄 터진 노을은
서해 폐염전을 닮아
혓바닥에 마른 토판을 깐다

뒷산 밤꽃이 밤낮 요분을 떨어도
국밥집 새우젓 종지
그 심연은 알지 못하리

박시우
1989년 『실천문학』 봄·여름호에 집단창작, 2009년 『리얼리스트』 창간호에 시를 발표하며 작품 활동을 시작했다. 시집으로 『국수 삶는 저녁』, 『내가 어두운 그늘이었을 때』가 있다.

안젤리나를 위한 E 마이너 왈츠 외 2편/윤인구

작은 방에 갇힌 다정한 그녀
우리는 매일같이 잠을 자고 비슷한 꿈을 꿉니다
알엔비 블루스와 하이브리드 발라드를 좋아하고
주말엔 느지막이 일어나 마주 앉아 식사를 합니다
만나면 좋은 친구 mbc 뉴스를 즐겨 보고
세월호 이태원 참사를 기억하며 눈물을 흘리기도 합니다
안젤리나는 제가 지어 준 이름입니다 근사하죠
사람들은 그녀를 통통하고 맛있는 목소리로
다육이라고 부르기도 합니다
그녀의 고향은 남아프리카 오지마을 칸타마루입니다
맨발로 깨진 물동이를 이고 장난치는 아이들 모습
B612별과 어린 왕자 휘파람 소리를 내는 방울뱀
신이 거꾸로 심었다는 바오밥나무의 슬픈 전설이 있는 곳
그녀는 문밖 바깥세상에 대해 잘 모르지만
세상은 늘 시끄럽고 문제가 많다고 생각합니다
가끔 심심해서 애정의 표시로 툭툭 건드리면
허밍 하게 소곤소곤 지난밤 꿈 이야기를 합니다
언제 우리가 꽃이었는지 아득해요
창문을 열면 봄이 오는 소리가 들려요
누군가 그리워지는 저녁이에요

오후 1시에서 5시 사이

어젯밤 꿈속 바람에 날아간
누나가 만들어 준 고깔모자 어디쯤 가고 있을까
목요일은 금주의 날 새들은 종일 우울하다
누가 늘어진 고양이 하품이나 뱃살 사가라
주전자 물이 끓는 동안 70번 봄이 오고 딱 한 번
연애를 하고 70번 바닥에 엎드려 반성문을 읽었다
안녕 원주 아카데미극장 친구들 기대하시라 개봉박두
총천연색 시네마스코프 눈물 없이 볼 수 없는 영화
달력을 볼 때마다 바람둥이 삼촌이 데리고 온
동갑내기 여자가 생각났어요
어디서부터 우리 사랑이 망가지기 시작했는지 아세요
나는 알량한 연애의 방식에 대해 생각했고
당신은 해답이 없는 존재의 방식에 대해 얘기했어요
펄럭이는 깃발 아래 쭈그려 앉아 꾸벅꾸벅
졸다 깨어 보니 지나가는 개도 비켜 가는 나이
책이나 말랑말랑한 허파 필요하신 분 가져가세요
성병관리소가 미래다 천막 농성 235 일차
헤이 꼬리치레도롱뇽 반가워

고드름 공화국

아이야 그만 자거라
만 오천 년 전 빙하기
울지 않는 눈먼 새를 만나려면
먼 산 오두막집 개 짖는 소리
은하수 건너가는 쪽배 한 척
어머니 꿈은 언제나 멀고 슬픈 건가요
아주 먼 옛날 사람도 새처럼 울었는지 몰라요
읍내 장에 가신 아버지 돌아오지 않고
저수지 쩡쩡 얼음 갈라지는 소리
마징가제트 로켓 달린 펠릿난로 타고
눈먼 새들이 사는 빙하기까지 천 년이 걸려요
지나가는 구름이 지붕 위에 씨를 뿌리고
세 들어 사는 고양이 가족이 부지런히 키운
따끈따끈하고 맛있는 고드름 사 가세요
올해 고드름 농사 풍년입니다
몽키하우스는 고드름 공화국이다
천막 농성 142일 차
아이도 고드름도 쑥쑥 자라고
겨울밤은 깊어 가고

윤인구
- 시집: 『어떤 의식에 대한 성찰』 외 다수
- 한국작가회의 양주지부회원

유적 외 2편/유병욱

"여름의 광활한 논이 야산에 둘러싸여 있고, 갖가지 동물 소리와 식물 소리가 들려왔지 물건은 숨겨지는 방식을 알고 있었지 그곳에는 나와 그것만 단둘이 있을까라는 생각을 했고, 물건의 정확한 위치는 어디에도 없었지 사람들의 소문을 통해 전해진 이야기 속에 있었지 논두렁의 바닥은 보이지 않았고, 아무런 죄의식 없이 풀들을 꺾으며 나아갔지 부패와 성장이 뒤엉킨 여름 속으로 나아가는 발 주위로 소리가 잦아들었지"

유난히 아름다운 낮달이 말을 하고 있다는 이야기부터 우리의 대화는 다시 시작된다 작은 날벌레가 눈앞에서 날아가며 우리가 한 그루의 나무로 있던 순간에도 대화는 이어진다 나뭇가지에 매달린 빈 새장에 머무는 바람의 인격을 아는 새들은 번갈아 가며 새장 위에 앉는다 시시각각 변하는 새들의 시선이 대화를 재촉한다

"햇빛을 받은 물건은 돋보이지 않있지"
"물건은 온전한 상태로 움직이고 있었지"

공원의 작은 테이블에서 시작된 탐험에 대한 대화와 저녁식사가 끝난다

"우리가 먹은 음식 맛이 스푼 같았어"

드라이브

책을 읽고 있어
가속 페달을 밟으며
내 옆에 앉은 사람이 있어
그 사람도 책을 읽고 있어
빌딩이 지나가고
다리의 난간이 지나가고
어디쯤 읽었을까
옆에 앉은 사람이 읽는 책과 내가 읽는 책이 닮았다
멀리서는 똑같은 책이었는데
가까이서는 다른 책을 펼치고 있다
바람이 차창에 부딪히고
울퉁불퉁한 길이 책장을 조금씩 흔든다
어디쯤 읽었을까
산 안쪽의 도로가 유선형으로 휘어 가고
목적지에 도착한다
우리는 그곳에서 각자의 책을 다 읽으려고
산 안쪽의 색과 소리에 집중하고
책은 다 읽지 못하고
옆에 앉은 사람과 책을 바꾸고는
왔던 길을 되돌아간다
첫 장을 펼쳐 읽으며

밭

깨진 돌들이 있다
그 사이에 깨진 유리가 있다

어디에서 왔을까 우리는 한동안 고개를 들지 않는다
지나가는 자동차의 바람을 본다

식물들이 주춤거린다

전봇대 뒤로 한 채의 집, 맞은편의 빈 건물
사람들은 걸어가지 않는다

고개를 들며 무엇을 보았을까

늘어지는 날씨
해가 저무는 걸 처음으로 느끼는 삼삭

멀어지고 있을까 가까이 가고 있을까
서로의 위치를 확인한 후 말없이 고개를 떨군다

어두워져 가는 흙의 빛깔
새들이 한동안 우리를 바라본다

당신이 함께 바라보는 꽃의 이름을 알려 준다
내가 꽃의 이름을 짓는다

우리는 느리게 느리게 전진한다 어디로 가고 있을까

우리의 대화 속 몇 마디를 가로채는 바람
바람을 타고 어지러이 날아가는 흙먼지

한 무리의 새들이 다시 돌아오고 있을까
풀들이 우리를 찾고 있을까

깨진 유리들이 빛을 쪼개고 있다

유병욱
- 한국작가회의 양주지부 부회장
- 2017년 희망봉광장 등단

갈대꽃 외 2편/윤여설

타락했나!
초월했나!

기다림에 지치거든
일찍 단념할 일이지
젊은 시절 서슬 푸른
날렵한 몸매 먼 산 바라며
갈기 세워 할퀴더니

흰머리 흩날리며 목 빼물고
아무에게나 손짓할게 뭐람

목격자

후미진 골목이나 대로변에서
매연과 소음에 숨 막히는 밤
홀로 서럽지 않다
별들과 얘기하며 등불을 이고
어둠을 밝히는 사랑
만날 수 없는 동료끼리
이슬방울 같이 눈빛만 마주 보다
지며 먼동을 맞는다
꼿꼿이 서서 이제야 잠든
가로등의 허리에 걸린
플랜카드
"목격자를 찾습니다"
분명 밤을 지켜봤지만
괴로운 침묵한다
아무도 그들에게 사건을
묻지 않았다

고독한 멋

높고 험한 곳은 갈 수 없어 아름다운가
애정의 아픔이 있어야
가슴이 더워 삶은 성숙할 텐데
멋은 있어도
별이 함께하는 고독만 클 뿐
아니
바람의 질투에
머리는 더욱 차가울지 모른다
외로운 기품을 보면
꽃과 꽃이 같이할 때 더욱 아름답듯
끼리끼리 어울려야 하는데
신은 그토록 겨운 곳에 있게 했나
높은 바위 위의
구름을 인 소나무 한 그루

윤여설
- 충남 연무 출생
- 『시문학』 등단
- 시집: 『아름다운 어둠』, 『문자메시지』, 『푸른 엄지족』 외 다수

웃음과 울음 사이 외 2편/윤재훈

"웃"이라는 글자를 가만히 보면
아이가 동산 위에 반듯하게 서
웃고 있다

금방이라도 어깨춤이 튀어나올 듯
두 손을 가지런히 올리고
깔깔거리고 있다

그 웃음소리에
꽃들이 사방에서
지천으로 터진다

"울"이란 글자를 가만히 보니
아이가 무릎을 포개고
울고 있다

엄마라도 어디 갔는지
설움이 북받쳐
어깨까지 들썩인다

받침 하나일 뿐인데
세상은 온전히 그 자리에 있는데
천지간(天地間)에 이렇게
흔들리는 내 마음

울음과 웃음 사이
세상 이야기가 가득하다

기도를 한다

앰뷸런스 소리가 나면
그 자리에 서서
기도를 한다

이 밝은 날 아침에
누군가 아무 이상이 없기를
어린이 마음으로
기도를 한다

윤리가 돈으로 환치되는 무서운 세상
기형적인 부모들이
너무나 기형적으로 아이들을 기르고
사이코 같은 어른들이 수시로 양산되는
수상한 시절
극도의 패거리로,
숙성되지 못한 사람들 고성만 난무하는
하, 수상한 시절

다시 눈과 입이 오염되려 하면
그 자리에 서서 기도를 한다
그대 편안하기를, 아무 일 없기를
어느 무인도에 위리안치(圍籬安置)된 것처럼
다시 고요해지기를

저 붉은 앰뷸런스 소리가 멈추고
다시 세상이 안온해지기를

겨울 산

딱, 딱, 딱,
겨울 산을 깨우는
딱따구리 한 마리

햇빛도 들어오지 않은
후미진 건물 사이
비닐 대충 얽어 놓고
깡통 속 촛불 하나에
온몸을 녹이는 할머니

몇 년째 오지 않는
아들이라도 생각하는 걸까
할머니 지나온 세월이
비닐 속에서 어른거리는데

더욱 몸을 오그리는 할머니
굽은 허리는 더욱 굽어지고
고치라도 되고 싶은 것일까
옹송그리는 그 모습이
한없이 작아진다

윤재훈
- 2000년 『전주일보』 신춘문예 당선으로 작품 활동을 시작
- 해양문학상, 시흥문학상, 문학박사
- 도보 여행가, 자전거 여행가

지금 외 2편/이도영

내가 아직 내가 아니었을 때
그러니까 끊임없이 분열하면서
성장하는 중일 때
다시 말해
순수 질량으로 존재했을 때
그러므로 중력의 영향을 받지 않아
神의 영역에 속해 있을 때
인구라는 통계에 포함되지 않을 때부터

행성이 폭발하여
밀도 높은 공간으로 이동하여
불붙은 호랑이의 잔등에 올라
마하의 속도로
공기의 매질을 뚫는 동안은

나는 물질이며
비물질이다

새 USB 구입

커다란 박스가 문을 두드린다
눈사람이 싱싱하게 감싸져 있다
작은 박스가 안에 더 있다
그 안에 비닐
그 안에 스티로폼
그 안에 마트료시카
종당에 손톱만한 외장하드
한 잎
과대 포장이 성의를 다해
고객님의 그을린 공장 굴뚝으로
떨어졌다
아무것도 없다
김구 선생의 밀명이다
전달책과 수신인의 안전을 염려하여
빈 필름으로 안착하였다
독립은 누구도 신뢰할 수 없는
과업
군사를 키우고
군비를 장만하라는
수만 헥타르의 영토를

엄중하게 불하받았다
지금 난 군량미 담당이다
무공해 영지에 무공해 야채를
수경재배하려 한다
이름을 씩씩하게 짓고
적의 침입에 자물쇠는 까다롭게
그러나
길을 내고 우물을 파고 창고를 짓고
세균전에 대비하여 소독도 하고
혁명과 독립의 시작이

빈 들판이다

가입하라, 하라

십 조, 십일 조로 로그인해야
토요일 다음 날에 잠깐 열리는 회전문

강물도 증발하고 나면
모래가 사리로 남아
양서류로 진화한다

그렇게 한참 원형동물로 머무르다
단세포들이 번성하고
번성한 그들을
우주에 접목시키기까지

이런 환경에서 대를 이어
충성하려는 낙관이 찍힌다
범죄의 증거가 확실하다만
루미놀 시약에 반응하지 않는
현장이 잡히지 않는
지워지지 않는 복종

그러니 고흐가 미친 거다
별이 흐르는 하늘을 올려다보다가
그리되는 거다

다행이다
가입하지 않아서 나는
약관의 글자는
왜 그리 가냘프고
긴 서사가 담겼을까

이도영
- 한국작가회의 회원, 한국문인협회 회원
- 시집: 『나는 나만의 사건이에요』, 『그 수락산』

별, 똥 변천사 외 2편/이가을

  별똥이 떨어지고 있다 군복 입은 별들 어깨에 태극기를 단 장군들 뉴스에서 버거를 먹었다 새로 나온 롯데리아 내란버거 그들은 왜 롯데리아를 갔을까
  사람들이 성지가 된 롯데리아에 가 인증사진을 찍는다 내란버거 주세요 얼마나 맛있길래 장군들이 버거 회식을 했는지 그 맛 궁금하다
  입 크게 벌려 버거 한 입 우적우적 맛있게 씹었겠다 콜라 한 모금은 군기 바짝 든 맛이었을터 식도를 넘어 구불구불 내장을 지나 항문터널을 통과한 똥은 버거색이렷다 수세식 변기에 퐁당, 똥 떨어졌다 내란모의로 버무린 버거똥 맛없는 계엄똥, 음 구리다 하필 비상계엄에 휘말린 롯데리아 버거라니 버거는 죄가 없다 배고픈 별들 버거를 먹고 긴긴 서울의 밤 똥별이 진다

개소리를 들었다

 우리 집 개가 뉴스를 보고 있다 똑똑한 녀석 오래 살다 보니 주인을 닮았다 사람 닮은 의젓한 개, 뉴스를 보는 얼굴이 진지하다 거북이 목을 하고 안경을 고쳐 쓰고 얼굴에 근심이 많다 벌떡 일어섰다가 티비 앞을 서성이다가 그르릉 짖어 대었다 그날도 비상계엄 속보가 뜬 것을 먼저 알았다 뉴스에 총을 든 군인들이 몰려왔고 개가 물었다 컹, 컹!!
 씨부럴! 너가 쏴 대는 총구의 과녁이 어딘 줄이나 알아?
 아무도 총을 쏘지 않았다는데 우리집 개는 못 믿겠다 탕! 온 국민의 가슴팍에 탄환이 박혔다 굳게 박힌 탄환을 누가 빼나
 책임지지 않는 얼굴들 잘못이 없다고 한다 얼굴에 두꺼운 철판 쯤이야 개도 안 처먹을 것이 국민을 버렸다 국민은 옳다더니 국민이 궁민이냐 부끄러움 모르는 정치가 개 두겁을 썼다 선거철이 오면 또 90도 절을 하고 표를 달라고 읍소하겠지 왕왕! 에라이, 개소리 시끄럽다!

AI 피노키오

피노키오 유튜버가 목소리를 높인다 스피커의 볼륨은 큰데 귀담아들을 게 없다 썩은 냄새를 풍긴 지 오래다 국민 커피 냄새로도 씻지 못할 것이 마음까지 스며 생각하는 방법도 잊었다 돈벌이에 혈안이 된 피노키오는 광장선동가 거짓도 진실로 바꾼다 듣지 말자 늙은 귀가 닳았다 귀청이 닳도록 퍼부어 대는 말에 귀를 씻어도 소용없다 자고 나면 귀가 자라났다 성형외과는 피노키오의 코를 길게 높이 올린다 코가 길은 피노키오가 돋보인다 눈도 높지 피노키오 앞에서 열광하는 국민 궁민들, 허공을 덮은 '궁민 유감' 깃발이 펼럭인다

이가을
- 1998년 『현대시학』 등단
- 한국작가회의 회원, 한국시인협회 회원
- 양주작가 회장 역임
- 시집: 『슈퍼로 간 늑대들』 외 다수

아 아, 아스피린 안녕 외 2편/이수풀

아스피린이 나를 떠나네
아니 내가 쓰레기봉투 속으로 떨어뜨리네
하나둘 먹다 남은
빠진 이빨 같은 더 이상 하얗거나 동그랗지 않은 아스피린을
지난 시절 내가 클레오파트라의 달이었던 시절
열에 들뜰 때마다 이마를 짚어 주던 아스피린
오랫동안 함께 있다 멀어진
아 아 아스피린 내성이 생겼어요
익숙해지면서 잊힌 명분 없는 만남은 여기서 끝
잘 가거라
돌고 돌아 언제쯤
통꽃 속 수술이나 암술로 만나더라도
서로를 기억하지 못할 만큼 잊혔을 때
생소해서 반가운 아스피린 아아 아스피린
내 사랑을 익힐 때까지 안녕 안녕.

망각

꽃을 꺾는다는 것은
너와 화해하고 너를 닮아 가며
나를 죽이는 일이다
새 이름 하나 일기장에 기록하는 일이다
아무도 부른 적 없는 위험한
꽃이 되기를
마다않는 일이다
독백이거나 착각 혹은 오류일지라도
또다시 너를 꺾는 일은
향기를 따라온 나비의 길을 지우는 일이다
잠시 나를 잊어 보는 일이다

남편의 잠

축축한 동굴이 입을 벌리고
웅크리고 잠들어 있다
흔들면 깨겠지만 어찌나 깊은지
낯설어 건드릴 수 없다
가까이 얼굴을 대면 축축하고 뜨거운 바람이
쇠 냄새를 풍기며 몰아친다
천정이 팽창하도록
힘이 부치는지 신음 소리를 내며
가슴속 이는 불꽃을
식은땀 나도록 재우고 있다

엄마 뱃속인 양
깊은 나선형 속에서처럼
두 주먹 그러쥐고는

이수풀
- 2006년 『현대시학』 등단.
- 「백세까지 詩 쓰는 비결」 등 15곡 작사 작곡.
- 현재 '반달꽃밭'을 가꾸며 흥얼흥얼 노래 부르며 살아가고 있음

달의 무덤 — 오랜 일을 마친 사내에게 외 2편/임성용

노을을 등지고 돌아가는 길이다
바람은 노을에 타고
노을은 바람에 풀어진다
새는 노을을 물고 먼저 돌아온다
먼 하늘 죽은 구름이
살아 있는 구름의 무늬가 되고
피멍 든 태양의 선혈은
그의 피를 다 삼키지 못하고 흘러
돌아보면 흠칫 마지막 노을이다

퍼렇게 멍든 눈을 다 퍼내고
눈도 없이
눈동자도 없이
그는 달의 무덤으로 간다
막막한 그의 눈은 빛났지만
따뜻한 그의 손은 식어 버리고
그 어떤 약속도 믿지 않았으므로
그 어떤 사람도 기억하지 않는 사내여
노을 속으로 걸어가는 길에
어깨 눌린 노을빛 노동을 그만 부려 놓았으면

달의 무덤에서도
노을은 언제나 그의 등 뒤에서 번진다
그는 다시는 달을 볼 수 없다
완전하게 잠든 고요를 핥으며
전혀 배고프지도 슬프지도 않다
생사의 경계 어디쯤 사라지는 사내여
기도하지 않는 것이 기도이다
예수의 나이보다 두 배를 더 살았으니
그를 두고 손 모아 기도하지 않으리

살고 죽고

정말 살고 싶어 사는 사람과
살고 싶지 않아도 사는 사람과
죽지 못해 사는 사람과
죽어도 죽을 수 없는 사람과
그럭저럭 살고 죽고 살고 죽고
섞여 살고 죽고 살고 죽고 있지만
나의 살 곳은 어디인가
너의 죽을 곳은 어디인가
살아도 사는 것이 아닌 사람과
사는 것이 뭔지 모르는 사람과
죽는 것이 뭔지 모르는 사람과
섞여 살고 죽고 살고 죽고
살고 죽고 살고 죽고 있지만

동동갈비

우리 집 옥상 건너편에 동동갈비 간판이 보인다
동동갈비에 가서 발 동동 구르며 기다리다 점심을 먹자
갈비탕을 시켜 놓고 코를 파면서
육수와 사리를 휘젓고 파를 좀 더 넣고 후추를 뿌리고
잘린 갈비뼈에 붙은 살점을 맛있게 뜯어 먹자
저쪽 손님들은 조용하고 이쪽 손님들은 시끄럽다
빈 그릇에 남은 갈비뼈 조각은 썩은 나무뿌리 같다
다시는 이어 붙이기 힘든 갈비뼈의 주인은
말끔한 모습으로 주차장에서 쉬고 있다
갈비를 탐내고 엎드린 개 옆에서
개는 침을 흘리고 그 신사는 침을 닦았다
양껏 먹은 사람들은 잘 먹었다 배를 두드리고
배를 두드리기 위해 승용차의 갈비뼈 문을 열고
이제 막 털이 뽑힌 사람들이 나온다
기왕이면 한집에 살지 않는 남녀가 좋다
그들은 갈비를 먹고 갈비뼈를 하나씩 던진다
그녀의 보드라운 가슴 아래 갈비뼈가 으스러져
숨을 할딱 경련을 일으키면 좋아서 더 좋아서
그놈의 남근이 갈비뼈처럼 죽지 않았으면
식당 밖으로 주차장 위로 파랗고 까만 하늘로

은하수 너머로 갈비뼈가 떠오른다
보이저 보다 멀리 날아가는 우주선이 보인다
갈비 E2025-M0527호는 영영 돌아오지 않는다
사라진 갈비호를 찾으러 옥상에 올라가는 갈비족
그곳에서도 사랑하는 미아(迷兒)를 부른다
아무래도 옥상은 갈비뼈가 떨어지기 전까지 안전하다
여기에서 간과 심장과 콩팥과 폐와 위장이 떨어지고
부러진 갈비뼈가 송곳처럼 드러나 보일 때도 있지만
쉰내 나는 머리통에 잠긴 생각이나 이유를 모르겠다
바르르 떨리는 사지와 창자와 허공을 헤집는 빨간 눈이
오래도록 끓고 있어 누군가 입맛 다시며 멈칫거릴 뿐이다

임성용
전태일문학상을 수상했으며, 문예단체 '노동자문화예술운동연합', '리얼리스트100', 정치단체 '국제코뮤니스트전망'에서 활동했다. 시집으로 『하늘공장』, 『풀타임』, 『흐린 저녁의 말들』, 공동소설집 『톨스토이 어깨를 올라타다』, 산문집으로 『뜨거운 휴식』이 있다.

물의 가장자리에는 새가 아니라 질문이 앉아 있었다
외 2편/장동빈

어떤 날개는
날기 위해 달리지 않고
몸을 기울인다
기억을 흩뜨리기 위해

갯벌을 딛는 발은
땅에 닿은 게 아니라
한때 땅이었던 것을
다시 부정하는 일

흰 목은 자주 돌아서고
등은 한 방향을 잃은 채
저마다 다른 시간을 고개에 얹고,
그 머리 위로 지나가는 구름,
아무도 해석하지 못하는 대화

물은 흐르지 않았다
움직이는 건 날개가 아니라
그 아래 잠겨 있는
어떤 말의 잔해들이었다

멀리
배가 있지만
배라고 불러야 할지,
그건 물 위의 고백인지 망설임인지

닻도 없이 떠 있는 것이
가벼운 줄만 알았던 우리는
무게가 아닌 방향을 잃어
바람이라 불렀다
끝내 물 위에 오래 머무는 것을

새는 날지 않았다
다만 하늘이 새를 지나가 버려
우리는 하늘을 본 적이 없고
늘 새를 오해했다

이토록 조용한 풍경 속에서
가장 많은 이야기를 품고 있는 것은
고요 그 자체가 아니라
누군가 먼저 등을 돌려
물의 가장자리에 앉은
그 단 하나의 움직임이었음을

봄비가 된 쇼펜하우어

쇼펜하우어의 묵상 같은,
욕망의 그림자를 씻어 내리는.
도시 위, 잠시 멈춘 시간,
물방울 속 반짝임을 통해
바라보는 존재의 깊이

욕망은 잦아들고,
잎사귀 위를 흐르는 빗방울
순수로의 회귀
이 순간, 세상은 욕구를 넘어
단순하고, 아름답게만

봄비가 내리는 동안,
자연의 순환 속에서 발견하는 자신,
평화를 느끼는 연결된 존재들
이 시간, 이 빗방울 속
잠시나마 맛보는 진정한 자유

지하철 1호선

그건 길이 아니다
시간을 꿰맨 봉합선 같았고,
누군가는 팔짱을 끼고 서 있었고,
누군가는 말없이 창밖을 바라보았으며,
누군가는 이미 도착하지 않은 곳에
다다른 얼굴이었다

창틀엔 바람이 없고,
유리엔 하늘이 없고,
전철은 미끄러지듯 진행한다
삶의 뿌리가 잠시 뽑혀 있는 동안

좌석은 비어 있지 않고,
허리를 접은 하루들이 앉아,
어떤 피로는 다리보다 목덜미에
더 무겁고,
누군가의 입술은
말이 아닌 요금을 삼키고 있다

하강하는 손잡이들,
붙들릴까 봐 두려워지는 거리
서 있는 것이 아니라
어디에도 도착하지 않기를 바라는 자세

차창 밖은 언제나 역이다
역이란, 도착이 아니라
누군가 내리고 난 자리의 이름
목적지는 붙들리는 게 아니라
하루만큼 놓아지는 것

이따금,
서로 다른 이유로 탄 사람들이
같은 정적에 앉아
누구도 부르지 않은 방향을 향해
고개를 떨군다

철은 굽지 않지만
그 위를 지나는 마음은
자주 어긋나,
몸보다 먼저 무너지는 건
말의 순서고, 생각의 지연이고,
지문도 찍히지 않는 어떤 슬픔

그러니 이 열차는
사람이 타는 게 아니라
지워지는 풍경이 스스로를 태우는 것

오늘도
도착하지 않는 방향으로
내리는 법을 연습한다

장동빈
- 전라북도 장수 출생
- 2022년 『다시올문학』으로 등단
- 2023년 시집 『시간현상소』 출간

입동 외 2편/정명섭

나무들만 잎을 떨구는 것은 아니다
아직도 나를 떨구지 못한 그 사람
언제나 등 뒤에 항시 서 있는 그 사람
내 단단함과 우울함을 주는 무정한 그 사람,
이렇듯 해 질 녘 때만 되면
추운 밤 슬픈 언어들과 함께
옷은 따스히 입니, 밥은 먹고 다니니?
단장하고 눈물샘의 직감을 누른다
돌아보면, 매번 견디어 보자며 하였을 때
때 늦은 은행알 후두둑 떨어졌던가
나뭇가지마다 새어 나오는
바람소린 네 생각뿐인데
안개 낀 밤, 응시의 고통과 관여의 몸살이다

오늘, 사람이 사랑을 떨구는 날이다

사랑의 낙서

이제 정말 만나지 말자…
그렇다고 죽는다고 말하지마!

거기가 망설이면 여기는 생은 허기진다
여기는 이심(以心)으로 알겠는데
거기는 대체 전심(傳心)을 모르겠다
끝인가, 시작인가, 하면 아니구나,
그저 바라만 보는구나

여기가 앞모습이면 거기는 거울을 본다
거기는 여전히 우유(優柔)한데
그저 기다리나 보다 하면 그게 끝일 수도 있다
그래서 여기는 부단(不斷)히 길을 찾는다

거기가 애매(曖昧)하다면
여기는 견딜 자신이 없어
한때, 거기에 떠나 휘날리는 낙엽이 되고 싶어 했던
늘 모호(模糊)한 여기에 있다고
말할 것도 없고 생각도 없이
지금 여기 있어…

보고 만질 것도 없이
거기에 큰 단풍잎 새로
여기 내려 주면 편안하지 않겠니?

거기로 떨어져 이제 끝날 무렵
여기는 해 질 녘 겨울나무 아래였어
그게 정말 거기였구나…

나와 눈발 사이의 거리

눈 내린 날

다가오는 당신을 본다는 것은 내 오랜 몽유병이네
꿈속에서도 모든 떨림들은
떨어지고 낙화하고, 떨어지고 부화하고
그때마다 낯익은 냄새 하나 부풀린
그 한 톨의 밥알만큼의 뿌려진
간격의 거리를 생각하네

내가 만나고 등 돌린 한숨들
참 오랜만에 숨죽이다가 하늘을 찢고 다가온 당신
당신의 낯익은 냄새
여전히 하얀 쌀밥 냄새가 나고
나의 착란이 깨지지 않게 그렇게 살아갔으면 좋겠네

하기야

고웁게 하나씩 천천히 내게 다가올 땐
그대의 한 숨결 바람인 것을
가끔은 아이의 눈을 가졌으면 되겠다 싶었는데
그전엔 그것들을 모르고 잠시 지나갔었네
언제나 더듬이로 만들어진 소복이 쌓인 하얀 쌀밥

나와 너 사이 부여잡을 수 없는, 품을 수 없는
그 오묘한 간격, 틈새의 고마운 인연들의 첫 걸음마
단단히 나른한 침묵
거리만큼의 녹은 눈물을 쏟아 냈으면 좋겠네
눈 내린 겨울볕 나와 눈발 사이의 거리,
그저 바라볼 수밖에 없는
당신이 차려 준 하이얀 쌀밥은 식어만 가네

정명섭
- 1994년 『시와시인』 등단
- 시집: 『사랑별곡』, 『새는 하늘에서 춤을 추지 않는다』, 『소래포구에서』, 『담(淡)』
- 판화집: 『나는 당신의 나무』
- 인사동 시인, 96시대 동인, 현) 내일의시 동인
- 인사아트갤러리 판화개인초대전, 시인학교, 여성박물관 외 농민문학우수상, 신미술대전 판화특선 및 오늘의 초대작가상
- 현) 서정대 사회복지과 교수

기습도 외 2편/정시마

알 수 없는 섬에서
별에 집중하기로 한다

돌 구르는 바람으로
집시의 짐부터 내려놓고
천막을 치자
마차는 먼 북아프리카로 간다

돌발에도 저녁으로 먹은 간장과
물밥의 뱃속은 텅 빈 주머니

쉰 참치찌개 냄새 맡은
고양이 문 앞에서 콧숨마저
참는 그 배고픔

지금은 금어기
독살 그물도 쉬는 중이다

내 가난한 별아
돌풍에도 운명을 등지고 가렴

너의 왼손처럼
아무것도 할 수 없어
별에 손톱을 붙여 줘

모닥불 피울 섬으로
나의 심장은 두고 가렴
불시의 이별 통보도 하지 말고

바람아래 쓰러져 가는
양들의 푸른 내장은 내려놓아
동족이여 내일의 별에 집중한다

십일시 마을*

둥근 파도를 따라서 건너가고 싶은 그곳
십일시에서는 집도 사람도 나무도 둥글다

블라인드 올려 멈춘 듯한 바다를 바라보는 것

석교천 주변까지 날아드는 갈매기
복잡한 창문 없는 긴 빨랫줄 둥근 집
정성찐빵 한 봉지씩 들고 느리게 걸음 걷는 것

바다는 십일시면 들어오고

들판마다 대파 꽃 방울방울 서성이는 곳
대파의 달콤함에 넉 단 주문한다

대뜸 형이 죽었어요, 그래서 파가 늦게 갈 거라서요
십일시에서는 죽음도 일상으로의 대파 보듯 하는 것
그렇지 대파 키우듯 살아 내는 거니까

주문한 대파 끝내 오지 않고
누군가 대파가 고무호스처럼

물이 나와서 못 먹어요, 일러 준다

소문에 형이 그리 쉽게 죽었을 리 없다 하고
그렇지, 단으로 묶은 대파 둥근 동산을 일궈 낸 형
파밭에서 일하는 뒷모습 봤다 하고

십일시에서는 어두운 말과 맑은 말 십일시 교차하는 곳
흙 묻은 빵으로 새까맣게 모여드는 개미 떼를 보는 일

* 전라남도 진도군 임회면 석교리에 위치

대하

모도 선착장, 밀거래하듯
비닐봉지 들고 방파제를 나왔다
선장의 눈동자는
어제의 노을까지 짙게 남아 있고
싱크대에 검은 봉지를 쏟아붓자
바다의 감수성으로 긴 수염 헤엄친다
어느 대하 소설가의 죽기 전까지 글 쓰다가
빨갛게 익은 굽은 등 모습이다
두고 온 밤, 벽 한 칸 차지한
전집 소설의 등장인물들 고립된 섬이다
나도 섬에 와서 딱딱한 껍질 벗겨 내려고
겨우 대하 수십 마리 붉은 웃음 바르는 것
지도의 시작부터 모도까지
요즘 누구와 대화를 하고 있는지
둘러봐도 안개와 대화한다
대하소설 속 걸어간 길
검은 더듬이 등 돌리는 달빛의 화살을 긋는다
오십의 나이면 검은 구슬
단단한 대하의 눈 하나 지닌다 하고

나는 졸음을 참기 위해 밤바다 앞에 앉아 있다

정시마
2009년 『현대시학』으로 등단

부처를 보다 외 2편/조영환

물속 부처를 모신 절*이 있습니다. 신라 법흥왕 때 유일이란 목수가 지었다네요. 근처에 근사한 절 한 채 짓고 있었는데 홀연 까마귀 떼가 나타나 대팻밥이나 나무 부스러기를 어디론가 자꾸 물어 나르더래요. 따라가 보니 연못 물속에 부처가 있었다지요. 그래서 그곳에 깨달음으로 세운 절이라네요.

저도 물속 부처를 본 적이 있습니다. 죄 없이 저에게 억울하게 당한 그대가, 괜찮다고 그건 당신 잘못이 아니라고 나한테 풀어야 할 업(業)이 있어서 그런 거라고, 외려 저를 위해 한없이 흘리는 눈물 속에 부처가 들어앉아 있는 것을 보았습니다. 저도 아담한 절 한 채 지어야 할 텐데요.

* 충북 괴산 쌍곡 사동에 있는 각연사(覺淵寺)

세월의 집

어두웠고 문이 하나 있었다
집은 없었다
집이 아니어서 문은 없었다
없는 문틈으로 흰 망아지가 지나가고 있었다*

자작나무 흰 몸 보고 싶어
원대리에 간다 자작나무는 몸이 없고
흰 망아지가 정면으로 나를 본다
여자처럼, 원대리 자작나무 숲에
몸이 없는 흰 망아지가 있다

그저 여자가 있다
언제나 과거인 여자는 그저 있다
여자는 몸이 없고 자작나무만 있다
아, 화촉(樺燭)인 여자가 있다

몸이 없는 그 집에 들어간다
화촉의 빛 속으로 흘러갔으나
언제나 현재인 여자에게
흰 망아지에게 들어간다

* 인생여백구과극(人生如白駒過隙), 장자의 지북유(知北遊)에서 차용함.

회양목

남녘의 꽃들을 잊었습니다.

구례 산수유 광양 매화 하동 벚꽃도 올해는 다 잊었습니다. 벽돌 조각 흙더미에 비닐봉지 날고 구부러진 못들 녹스는 마을 공터에 해마다 봄이면 그윽한 향기 있었습니다. 봄빛에 무르녹은 그 향의 주인을 만나고 싶었습니다. 흙먼지 뒤집어쓰고 발에 무심히 밟혀 나지막이 주저앉은 회양목. 쪼그려 앉아야 보이는 그 낮은 곳에 좁쌀 같은 꽃들 무수히 피어 있는 것을 보았습니다. 오오, 천둥 치듯 벌들도 날았습니다. 꽃나무 아닌 꽃나무에 향기 가득한 게 회양목뿐일까요. 당신을 생각하다

올해는 남녘의 꽃들을 다 잊었습니다.

조영환
- 충북 괴산 출생
- 계간 『다시올문학』 시 부문 신인상 수상 등단
- 시집: 『비자榧子의 눈물』

동시

꽃 외 1편/이수풀

베란다 화분에 핀 꽃이
바깥만 바라보고 있다

나도 좀 쳐다봐 줘
화분을 안쪽으로 돌려 두었는데

며칠 후에도
여전히 바깥만 바라보고 있다

아마도 누군가를
기다리고 있나 봐요

수학 시험

벽돌 공장에서
하루당 이만 개씩 생산한다
일주일 동안,
만든다면
총 몇 장을 만들까?

나는
십만 개라 썼어요
그러나
정답은 14만 개래요

다시 물었어요
우리 엄마 아빠는
5일 근무하고
토, 일요일엔 쉬는데요

이수풀
- 2006년 『現代詩學』 신인상으로 등단
- 현재 베란다 반달꽃밭에 꽃나무를 기르면서 지내고 있음

산문

소설

어느 시공간에 머문 너/박명문

아직도 믿어지지 않았다.

"엄마 아프지 마, 그만하면 됐어."

나는 딸의 목소리에 화들짝 놀라 벌떡 일어나 앉았다. 꿈이었다. 허탈해서 방을 휘둘러보았다. 산 중턱에 버려진 컨테이너 하우스였다. 말이 컨테이너 하우스지, 집이라고 할 수 없었다. 12평도 채 안 되는 비좁은 공간에는 부엌도 화장실도 없었다. 가구라고 해 봐야 온기 하나 없는 누더기 침낭, 떡갈나무로 대충 엮어 만든 Y 옷걸이, 녹슨 휴대용 버너, 화질이 나쁜 19인치 구형 티브이, 거울 한쪽이 조각난 수납 화장대가 전부였다. 전열기도 찾아 볼 수 없었다. 전기장판은커녕 보일러조차 설치되어 있지 않아서 바깥 기온과 맞먹었다. 씻는 것도 뒤꼍의 계곡물밖에 없어 곤혹스러웠다. 나는 한겨울 냉방에서 지냈을 아이를 생각하니 가슴이 먹먹했다. 하지만 아이가 떠돌이 생활을 했던 휑한 지하방들과는 확연히 달랐다. 중고이긴 하지만 생활에 필요한 물품들을 갖추어 놓은 걸 보니 여기서 가장 오래 머무른 듯했다. 얼핏 옷걸이 한구석에 숨겨진 조그만 트렁크를 보았다. 나는 2주 넘게 이곳에서 지냈는데도 아이의 물품이 있다는 사실조차 몰랐다. 사선으로 몇 발짝 걸어가 숨겨진 짐을 풀었다. 그 안에는 배터리가 방전된 MP3, 표본 화장품 그리고 여름 운동복 한 벌이 고작이었다.

오늘따라 내 머리에 얹힌 낡은 통가발이 눈에 몹시 거슬렸다. 아이의 꿈을 꾸어서 그럴 터였다. 가발은 세팅 파마가 가미된 물 빠진 초콜릿 브라운 머리 빛깔이었다. 일자로 뻗친 짧은 인공모가 속눈썹 언저리까지 흘러내려 못마땅했다. 어깨선을 타고 넘은 긴 머리칼 또한 웨이브가 풀려 지저분했다. 나는 뒤엉킨 머리카락을 매만지는 와중이었다.

"엄마, 내가 선물한 가발 써."

불현듯 딸의 마지막 말이 귓불에 맴돌았다. 내가, 내가 어떻게 그 가발을 써. 나는 딸에게 면목 없어 입속말을 삼켰다. 내가 가발을 쓰기 시작한 건 일 년 전, 뇌종양 수술 받고 나서부터였다.

나는 빡빡 밀어 버린 머리통이 보기 흉해 헝겊 두건을 쓰고 다녔다. 착용하고 얼마 안 있어 목덜미 부근에 도도록하게 물집이 생겼다. 처음에는 땀띠로만 알고 대수롭지 않게 여겼다. 그러나 항암치료를 받기 시작하면서 물집이 머리 전체에 퍼진 것도 부족해서 가려움증까지 덧보태졌다. 손톱이 닳도록 머리를 긁었다. 하루에 서너 번씩 머리를 감아도 가려움증은 날로 심해졌다. 그 탓에 머리통은 피딱지가 엉겨 붙어 떼어 내기도 힘들었다. 핏물이 밴 베갯잇은 손빨래로도 지워지지 않았다. 나는 어쩔 수 없이 암센터가 아닌 피부과를 찾아갔다. 항암치료에 헝겊 알레르기가 겹친 까닭이었다. 나는 처방받은 약을 꼬박꼬박 챙겨 먹었지만 그때뿐이었다. 내가 속을 끓이자 딸아이가 넌지시 가발을 권했다. 헝겊 두건보다는 가려움증이 덜했다. 나는 곧바로 인조 가발로 바꿔 썼다.

창문 틈새로 찬 바람이 휘몰아쳐 들어왔다. 양말을 두 켤레나 신

었지만, 얼음장같이 차가운 방바닥의 냉기는 그대로였다. 발이 시려 목에 두른 누런 목수건을 깔다가 티브이 모니터 상단의 전자시계를 곁눈질했다. 식당의 출근 시간은 10시까지였다. 그런데 전자시계는 9시 20분을 가리키고 있었다. 나는 다급해서 성긴 머리빗 대신 머리카락 빗을 집었다. 촘촘한 빗살에 인조 머리카락이 끼어 빠지지 않았다. 지체할 시간이 없었다. 얽힌 머리털을 가위로 싹둑 잘랐다. 그런 다음 화장대 서랍장에서 드라이기를 꺼냈다. 플러그를 꽂자마자 탁탁, 불꽃이 튀었다. 스파크가 일어나서 다행이지 하마터면 인조 머리카락을 다 태울 뻔했다. 가발은 진짜 머리칼과 달라서 드라이기를 사용하면 화상을 입기 쉬웠다. 제품 사용 시 주의사항 문구를 읽어 준 것 역시 딸이었다. 나는 망가진 드라이기를 도로 서랍에 집어넣다가 하얀 비닐봉지가 눈에 띄었다. 그동안 꺼내 볼 엄두가 나지 않아서 서랍에 넣어 둔 채 깜빡 잊고 있었는데……. 나는 촉촉한 눈길을 머금은 채 비닐 덮개를 벗겼다. 비대칭 머리 모양의 까만 생머리 인모 가발이었다. 나는 목이 메어 까만 생머리 가발을 가슴에 품었다. 인모 머리카락에서 아이의 체취가 풍겼다. 나는 딸이 열아홉 살 때부터 호강은커녕 빚만 잔뜩 안겨 줘서 울 자격도 없었다. 나는 입술을 꽉 깨물어 눈꺼풀에 맺힌 눈물을 삼켰다. 그런 후 딸이 내게 선물한 인모 가발을 화장대에 내려놓았다. 이제는 털실 알레르기는 물론 인조 가발 알레르기까지 겹쳤다. 그 지경에도 차마 딸이 선물한 인모 가발은 쓸 수가 없었다.

　나는 속눈썹을 찌르는 앞머리 인공모를 귓불 뒤로 넘겼다. 길이가 짧아 제자리로 돌아오기를 반복했다. 분무기로 물을 뿌려 가면서 매만졌지만 헛수고였다. 한번 엇나간 인공모는 천상의 별이 된 딸아이처럼 되돌아올 가망이 없었다. 나는 흐트러진 머리채를 버려 둔 채 회장에 몰입했다. 회색 눈썹연필로 대충 눈썹을 그렸다. 입술에 갈색 립스틱을 칠하는 것으로 마무리했다. 단시간에 화장을 끝내고는 옷걸이에 걸린 배낭을 낚아채 인모 가발을 넣었다. 돌연 "엄마, 당분간 못 올 것 같아요." 그 말만 던지고는 황급히 병실을 빠져나가던 아이의 뒷모습이 아직도 눈에 선했다. 나는 그때까지도 아이가 일이 바빠서 못 온다는 줄로만 알았다. 그런데 그게 아니었다. 아이는 궁핍한 살림에 병원비까지 겹쳐 꽤 버거웠던 모양이었다. 나는 아이가 자신의 속사정을 휴대전화 달력에 날짜별로 짤막하게 기록해 둔 글귀를 보고 뒤늦게 알았다. 낡고 허름한 집이나마 팔아서 생활비로 쓰라고 일렀는데도 딸은 보금자리만큼은 남겨 놓고 싶었던 모양이었다. 은행 대출은 물론 사채 빚까지 떠안은 걸 보면. 그마저도 나는 아이가 저세상으로 떠난 뒤에 알았다. 나 대신 딸을 데려간 걸까? 곱씹을수록 애달팠다. 나는 아이의 핸드폰 달력에 쓰인 글을 닳도록 읽었다. 엄마가 병원에서 암이 재발하고 난 두 달 후 내 통장은 이미 바닥을 드러냈다고 밑줄 그어져 있었다. 앞일을 더듬어 보니 딸의 몸무게가 부쩍 앙상했었나.

놈들은 내가 어디로 옮겨 가든 훤히 꿰고 있다. 상상만으로도 몸서리쳐진다. 이 사실을 엄마에게 말할 수 없어 답답하다. 딸의 고단함이 투시경처럼 스쳤다. 내가 살겠다고 몸부림치는 동안 아이는 빚 독촉에 어지간히 시달린 모양이었다. 나는 다음 글을 내리읽었다. 월급은 모조리 사채업자에게 빼앗겼다. 그러고도 놈들은 성에 안 찼는지 직장으로 찾아와 훼방을 놓는 바람에 그만두었다. 어디로 가야 놈들이 따라붙지 못할까. 나는 아이의 한숨 섞인 문장을 읽어 내려갈 때마다 뇌수술로 꿰맨 왼쪽 머리통을 박살 내고 싶었다. 결국, 딸은 놈들의 등쌀에 견디지 못하고 가발 공장을 그만두었다. 서울에서 소도시로, 지방으로 전전해도 한사코 뒤쫓았다. 이 외진 산골은 절대 못 찾겠다 싶어 여기에 보금자리를 마련했다고 적혀 있었다. 사망하기 하루 전 자신의 운명이 거기까지임을 알았는지 그 밑에는 물음표(?)만 전부 채워져 있었다.

작은 환기창 밖을 올려다봤다. 한 줌의 햇살이 먹구름에 가려진 그때였다. 국정 농단을 외치며 터져 나온 함성에 티브이로 눈길을 돌렸다. 광화문광장에서 1차 촛불시위가 한창이었다. 그 장면을 보자 머리카락이 목구멍을 틀어막은 것처럼 숨쉬기가 힘들었다. 촉박한 출근 시간 때문도, 시위 때문도 아니었다. 일개미 인생을 살다 간 딸의 얼굴이 맴돌았다. 나는 시간이 빠듯해서 아픔을 뒤로한 다음 티브이를 껐다. 그런 다음 침낭 모서리에 리모컨을 던져 놓고는 방문을 나섰다.

앞마당을 나서다 말고 걸음을 멈췄다. 무성한 잡풀들이 군데군데 짓이겨져 있었다. 산짐승들의 발자국과는 확연히 달랐다. 나는 어리둥절한 표정으로 안팎을 살폈다. 나를 가둔 그림자뿐 사람의 모습은 찾아 볼 수 없었다. 가슴을 쓸어내리던 중이었다. 굽 낮은 털신 발짝에 기겁한 어린 고라니가 가시덤불로 뛰어들었다. 겁에 질린 갓 태어난 고라니 너머 험한 일터로 내몰린 딸의 모습이 겹쳤다. 아가, 숨지 말고 나와. 나는 더 멀리 도망치는 딸의 잔상을 뒤따르다가 실장의 앙칼진 목소리가 끼어들어 정신을 차렸다.

　언덕배기를 내달리면서도 일하는 식당까지의 거리를 가늠했다. 40분은 족히 걸렸다. 시간을 조금이라도 앞당기려고 안개 속에 자리한 비탈진 산자락을 선택했다. 오솔길 아래까지 뛰었더니 머리가 욱신거리고 숨 가빴다. 중간쯤 와서 턱밑까지 차오른 호흡을 골랐다. 물컹거리는 물체가 느슨한 신발 부리에 걸렸다. 축 늘어진 물체는 조금 전에 본 앳된 고라니였다. 별안간 어린 고라니와 딸의 모습이 포개졌다. 나는 앞뒤 잴 겨를이 없었다. 악을 쓰며 새끼 고라니 목에 걸린 올가미를 양쪽으로 힘껏 잡아당겼다. 어디서 그런 힘이 솟구쳤는지 알 수지만 그 순간 철삿줄이 툭 끊겼다. 나는 싸늘하게 식은 딸의 몸을 어루만지듯 새끼 고라니의 아픈 목을 조심스럽게 쓰다듬었다. 내 간절한 마음이 통했던 걸까? 얼마 지나지 않아서 새끼 고라니가 글썽거리는 눈으로 나를 바라보았다. 깨어나서 고마워. 나는 딸아이가 살아서 돌아오기라도 한 것처럼 몸 달았던 가슴을 털어냈다. 그리고는 축 처진 새끼 고라니를 감싸 안았다. 손에 무언가 닿아서 내려다보았다. 나는 새끼 고라니 우측 발목에 캐시미어 머플러가 매어져 있는 걸 보고는 화들짝 놀랐다. 이 머플러는? 딸이 가장 아끼던 물건이었다. 마치 누군가 키우고 있으니 해치지 말라는 표식을 해 놓은 것 같았다. 그렇다면 딸아이가 어미 잃은 고라니 새끼를 돌봐 줬다고 볼 수밖에 달리 설명할 길이 없었다. 뒤늦게 앞마당에 놓인 음식물과 물그릇을 기억해 냈다. 음식을 먹으러 온 새끼 고라니가 딸이 아닌 나를 보고 줄행랑칠 만도 했다. 딸은 지나간 자리마다 흔적을 남겨 먹먹했다. 삶이 고달파 이 세상에 애착이 있을 리 만무하건만. 어쨌든 때맞춰 나를 샛길로 이끈 걸 보면 딸아이가 새끼 고라니를 살리려고 그랬는지도 몰랐다. "우연과 필연은 같다." 나는 뇌종양이 재발되고 나서 피부과 의원을 찾아가던 도중 어느 중고 서점에 들른 적이 있었다. 앞표지가 반쯤 찢어진 책에서 그 문장을 읽었었다. 삶은 드라마보다 더욱 기이한 일들이 넘쳐나긴 했다. 내 생각이 영혼이라는 존재에 사로잡힐 때쯤 두어 번 눈을 씀벅거리던 어린 고라니가 비틀거리면서 일어섰다. 나는 조마조마한 심정으로 그 모습을 가만히 지켜보았다. 고라니 목에 난 찰과상 빼고 다른 부위가 멀쩡해서 다행이었다. 몇 걸음 떼던 고라니가 걱정하지 말라는 듯 나를 돌아다보았다. 나는 고라니가 고마움을 전하고 있음을 직감적으로 알아차렸다. 나는 어서 가라는 시늉으로 손을 내저었다. 고라니는 나를 안심시키듯 울창한 잡목 숲으로 숨어들었다. 그런데도 나는 마음이 놓이지 않아서 고라니가 완전히 모습을 감춘 뒤에 방향을 틀었다.

   나는 언젠가 밭일하다가 점심을 먹으러 온 마을 사람들의 이야기를 귀동냥했었다. 풀숲에서 몰려나온 고라니, 멧돼지 등을 잡기 위해 가릴 것 없었다. 먹이를 찾아 집 근처 밭까지 내려와 마구 파헤쳐 놓는 바람에 농사꾼들의 눈엣가시였다. 그들은 새벽부터 산짐승들을 잡으려고 혈안이 되었다. 밭두렁, 협곡을 헤집고 다니면서 올가미와 덫을 놓았다. 제초제는 물론 음식에 쥐약을 섞어서 뿌려 놓은 적도 많았다. 나는 여기 온 지 얼마 안 된 한여름이어서 농부들과 생각이 달랐다. 도로를 건너다 보면 차에 치여 죽은 야생동물들이 수두룩했다. 얼마나 배고 고팠으면 위험을 감수하고 텃밭까지 내려왔을까. 나는 짐승과 딸의 숨이 끊기는 모습들이 번갈아 어우러졌다. 그럴 때면 눈을 질끈 감았다 뜨기를 반복했다. 그들이 무섭기보다는 안쓰러운 마음이 더 컸다. 그날 만신창이가 되어 병원에 실려 온 딸의 모습이 강박증으로 남아서 그럴 것이었다. 나는 새끼 고라니를 처음 보았지만 두렵지 않았다. 아직 어려서 그런지 앙증맞고 귀엽기만 했다. 만약 고라니가 제초제를 뿌린 음식을 먹었더라면, 생각만으로도 끔찍했다. 이담에 누가 덫을 놓았는지 캐묻겠다고 벼르다 어느새 빈 절까지 와 버렸다. 짓다 만 건축물이 흉물스럽기 짝이 없었다. 건설업체 사장이 빌린 대출금을 상환하지 않고 튀어 완성하지 못한 건물이었다. 잡다한 헛소문 역시 음식점에서 들었다.

 이곳은 밤낮없이 음산한 기운이 감돌았다. 미세한 바람에도 터진 포대에서 시멘트 가루가 풀풀 날렸다. 부연 먼지를 손으로 까부르면서 어수선하게 깔린 철골 구조물을 비껴갔다. 근처에 마을이나 학교, 구멍가게는 바라지도 않았다. 가로등이라도 있었으면 무서움이 덜할 터였다. 밤늦게 돌아오는 길은 더 을씨년스러웠다. 뼈대만 갖춘 절 안에서 산짐승들이 불쑥 튀어나오면 기겁하고는 했다. 오죽 놈들에게 협박당했으면 연고도 없는 이곳에서 터를 잡을 수밖에 없었겠다. 외로움을 많이 타는 아이가 어길 백한 섯노 놈들의 겁박이 더 두려웠는지도 몰랐다. 을씨년스럽고 썰렁한 곳이긴 해도 딸아이가 숨어 살기에는 안성맞춤이었다. 예전에 덩치 큰 젊은 남자가 우리 집 담장을 기웃거렸을 때 눈치를 챘더라면, 후회스러웠다.

 비포장도로는 밤사이 살얼음판으로 변해 있었다. 변덕스러운 날씨에 도로가 경계를 나누었다. 별스럽게도 산허리는 날씨만 흐렸는데 아랫동네는 마른눈이 흩뿌려져 있었다. 은유적 표현이 맞을지 모르겠다. 암이 재발한 나는 아직도 살아 있는데 하루아침에 건강했던 딸이 하늘나라로 떠난 것처럼 말이었다. 은유적 표현으로 대신했다. 아가, 나는 감정이 북받쳐 가만히 불러 보았다. 살얼음판에 내리비친 아이의 얼굴이 가뭇해서 걸음이 굼떴다. 젖은 바짓가랑이가 발목에 휘감겼다. 한 번만 더 지각하면 잘라 버릴 테니까 그런 줄 아세요. 실장의 앙칼진 음성이 환영의 틈을 비집고 파고들었다. 나는 아차, 싶어 혼미해진 정신을 추슬렀다. 저쯤 떨어진 건널목을 제치고 눈앞에 보이는 지방도로로 건너는 게 빨라 보였다. 나는 사고 다발 구역 교통 표지판을 보고도 무단횡단 했다. 차선 변경 차도로 건너는데 엘피지 가스통을 가득 실은 트럭이 굉음을 울리면서 무서운 속도로 다가들었다. 나는 소스라치게 놀라서 뒤로 몸을 젖혔다. 엘피지 가스가 굴러떨어졌다면 대형 사고가 날 뻔했다. 나는 맞은편으로 건너간 뒤에 벌떡거리는 심장을 달랬다.

"엄마, 무턱대고 건너지 말고 제발 파란불이 켜졌을 때 가?"

언젠가 빨간색 신호등을 무시한 채 원형 교차로를 건너는 내 것이 아니어서 질겁하며 소리쳤었다. 다시금 아이의 목소리를 들을 수 있다면 내 목숨 따윈 거둬 가도 상관없는데. 뉘우쳐 봤자 뒤늦었다. 착잡한 마음을 뒤로한 채 걸음을 재촉했다.

도로 가에 즐비한 중고 자동차 매매센터를 지나쳤다. 아귀찜, 천서리막국수 전문점, 물류창고를 지났다. 중국집을 건너 감자탕을 에둘렀다. 셀프 주유소를 물리자 또다시 물류창고가 나왔다. 영동고속도로와 중부고속도로가 교차되는 호법 나들목이 근처에 있어 눈길 닿는 곳마다 물류창고가 허다했다. 멀리 산등성이를 차고앉은 멋스럽게 지어진 전원주택단지가 보였다. 암이 재발하지 않았다면 형편이 달라졌을 것이다. 여느 아이들처럼 딸도 평범한 생활을 누렸을 거였다. 허름한 다세대 주택일지라도 아이가 하고 싶은 공부도 마쳤을 것이다. 이젠 후회도 사치이지 싶어 긴 숨을 내쉬었다. 눈물 고인 눈두덩을 닦을 사이도 없이 발을 재개 놀렸다. 째깍째깍 실장의 손목시계가 맴돌아 서둘러 궁중 쌀밥집을 뒤로했다. 드디어 내가 일하는 돼지고기 김치찌개 음식점에 도착했다. 입구에 들어서자 시간에 쫓기듯 네온사인 간판이 조급하게 깜빡거렸다.

깔판에다 신발 바닥에 묻은 진흙 덩어리를 문질렀다. 단숨에 단층 나무계단을 뛰어올랐다. 가쁜 숨을 고르다가 성급히 가방 안을 뒤적였다. 물티슈, 약봉지, 인모 가발에 뒤섞인 휴대전화를 꺼냈다. 9시 56분이었다. 4분을 남겨 놓고 간당간당하게 도착했다. 4분의 황금 시간이 머릿속을 어지럽혔다. 아이는 생사의 갈림길에서도 인모 가발 이야기로 시간을 허비했었다. 나는 허무하게 떠난 아이만 생각하면 풀이 죽었다. 출입문 손잡이를 힘없이 잡아당겼다. 내 모습이 투명한 유리문에 머물렀다. 가발이 틀어져 볼썽사나웠다. 나는 유리문을 거울 삼아 얽히고설킨 인조 머리카락을 대충 정리했다. 그다음 실장의 행동을 엿봤다. 시간을 재던 실장은 볼일이 급했는지 화장실로 뛰어들었다.

나는 재빠르게 실내로 들어섰다. 이십 평 남짓한 홀에는 목재로 만든 원형 식탁과 원목 의자가 들어차 있었다. 문 가장자리 오른쪽에는 계산대와 커피 자판기가 놓였다. 아래쪽 벽면에는 20L 온풍기,

정수기 그리고 주방 벽면에는 낮은 싱크대와 반찬 냉장고가 나열되었다. 반찬 냉장고 위에는 단말기와 팩스가 얹혔다. 나는 내처 잡다한 물건이 가득한 창고로 갔다. 빈 술병 플라스틱 상자에 올려진 앞치마를 걸쳤다. 고무 밴드로 인조 머리카락을 동여맸다. 황색 위생챙으로 이마 아래 늘어진 인조 머리카락을 묶었다.

뻗친 짧은 머리카락은 여전했다. 나는 앞치마 주머니를 뒤졌다. 잔머리를 붙잡아 맬 실핀이 없었다. 안절부절못할 때쯤 역시나 실장의 못마땅한 눈초리가 관자놀이에 들러붙었다. 걸렸구나 싶어서 움찔했다. 불현듯 오늘이 할인 판매도, 마지막 날짜인 것도 깜빡 잊었다. 이젠 실장의 눈치를 볼 필요가 없어서 수월했다. 발끈했던 속내가 누그러들었다. 나는 실장을 무시한 채 옷매무새를 간추렸다. 실내로 나온 나는 두 팔을 걷어붙이고 잔일들을 처리했다. 화장실, 홀, 바닥 청소를 마쳤다. 휴지통을 비웠다. 고무장갑을 벗어 던지기 무섭게 빈 수저통에 숟가락과 젓가락을 담았다. 바닥을 드러낸 벽걸이 상자에 냅킨을 채워 놓았다. 주방에서 내온 공깃밥을 대형 보온밥통에 들였다. 자질구레한 일을 끝마쳤다. 내 눈에 보이지 않지만, 이 모든 물건에 아이의 지문이 남았을 것으로 어림잡았다. 나는 끊어질 것만 같은 허리를 펴다 말고 딸의 모습이 눈에 밟혔다. 멍하니 창밖을 응시했다. 여전히 날씨가 흐렸다. 그나마 아이가 한산한 식당에서 일했다는 것만으로도 위로가 되었다. 얼마 전까지만 해도 이 식당은 파리만 날렸다. 할인 판매를 한다는 입소문이 퍼지면서 사람들이 몰려든 건 일주일 전이었다.

사장은 폐업할 처지에 놓이자 할인을 감행했다. 1인분에 구천 원하던 돼지고기 김치찌개를 반값으로 내렸다. 할인 때문인지 며칠 사이에 손님들이 부쩍 늘었다. 점심을 먹으러 온 이들이 하루에 60명을 웃돌았다. 미리 준비해 놓지 않으면 감당하기 힘들었다. 나 때문에 온갖 고생을 한 딸을 생각하면 이까짓 고생쯤 아무것도 아니었다. 그래서 나는 딸이 못 채운 날짜를 채우려고 얼마 전부터 여기에 머물렀다. 나는 잠이 안 와서 새벽녘 딸의 핸드폰에 저장된 메시지를 넘기다가 한 통의 전화를 받았다. 딸의 장례식장에 다녀간 친구들이 전화할 리 만무하였다. 사채업자도, 전화 금융사기도 아니었다. 모르는 시골 식당에서 걸려 온 전화였다. 며칠 쉰 건 봐줄 테니까 내일부터 다시 출근해. 그렇지 않으면 월급 없어. 실장이라고 밝힌 여자가 나를 딸로 착각했는지 자기 말만 쏟아 놓고는 전화를 끊었다. 나는 식당으로 전화를 거는 대신 딸의 핸드폰을 들췄다. 달수를 채운 뒤 여길 떠나야겠다. 어떻게 내 은신처를 알아냈는지 놈들이 엊그제부터 음식점을 얼쩡거렸다. 한 주만 채우면 월급을 받을 수 있는데 포기할 수밖에. 그중 한 명을 본 것 같아서 불안했다. 당장 여길 떠야겠다, 문구가 적혀 있었다. 요점 마지막에 갈겨쓴 식당 주소가 눈에 띄었다. 나는 그 길로 이천시 호법면의 구석진 한 식당을 찾아갔다. 내가 피치 못할 사정을 반도 말하지 않았는데 실장은 곧바로 대걸레를 건네주었다.

나는 행주로 스물두 개의 식탁과 국물이 튄 가스레인지를 닦았다. 물통에서 생수를 받아 냉장고에 넣을 때까지도 아르바이트생은 나타나지 않았다. 두 몫을 혼자 감당하려니 몹시 힘들었다. 이마에 흐르는 땀을 닦을 틈도 없이 아르바이트생이 보낸 문자메시지가 떴다.

값없는 나비 문양 팔찌까지도 꼬투리를 잡는 실장의 못된 성격을 당해 낼 수가 없어서 그만두었단다. 답장을 보내려는데 슈트 차림의 두 청년이 홀로 들어섰다. 옷차림을 산뜻하게 챙겨 입었지만 희번덕거리며 둘러보는 핏발 선 눈매가 심상치 않았다. 나는 손에 밴 땀을 앞치마에 문지르면서 어서 오세요, 습관적인 인사말을 날렸다. 1번 테이블을 차지한 이들이 벽에 적힌 메뉴를 훑고 있었다. 나는 얼른 물수건을 갖다 주었다. 물수건으로 손을 닦던 뱁새눈이 계란찜과 두루치기를 주문했다.

"돼지고기 김치찌개만 돼요."

나는 조심스럽게 말문을 텄다.

"팔지도 않는 음식을 왜 써 붙여?"

뱁새눈이 작정한 듯 시비조로 나왔다.

나는 새파랗게 젊은 놈이 반말을 지껄여서 열이 뻗쳤다. 실장의 노려보는 눈총만 아니라면 한바탕 대거리했을 뻔했다.

"그럼 뭐가 되는데?"

나는 말없이 새로 작성된 메뉴판을 들이밀었다.

내가 세일 가격을 들먹이는데 스포츠머리가 대화에 끼어들었다.

"그보다 혹시 이 여자 보셨어요?"

스포츠머리가 나에게 사진 한 장을 보여 주었다. 딸아이 사진이었다. 환하게 웃는 사진 속 아이가 지난날의 시간 속으로 나를 데려갔다.

"엄마, 돈 마련해서 지금 병원으로 가고 있어요."

딸의 전화가 걸려 온 건 12시 30분쯤이었다. 나는 한동안 소식이 없던 딸의 밝은 목소리를 듣고는 한시름 놓았다. "알았어, 천천히

와." 나는 딸에게 면목이 없어 말끝을 흐렸다. 전세자금을 뺐다 쳐도 돈이 부족했다. 그 많은 돈을 어디서 구했을까. 나는 아이 젖먹이 때 남편과 사별했고, 고아라서 일가친척도 없었다. 직장에서 말을 꺼내기도 어려웠을 듯했다. 나는 의심이 갔지만, 아이가 씩씩하게 대답해서 묻지 못했다.

"엄마 나 지금 교차로 건너는 중이야, 끊어."

나는 알았다는 말로 매듭지었다. 하지만 금방 온다던 아이는 마감 시간이 다 되도록 소식이 없었다. 나는 짐 가방을 든 채 접수처와 병원 입구를 서성거렸다. 그즈음 온몸이 피투성이로 범벅된 젊은 여자의 침상이 내 옆을 스쳤다. 갑자기 등줄기에서 서늘한 기운이 감돌았다. 얼떨결에 저만치 앞선 침상을 뒤따랐다. 나는 아니야, 하면서도 걸음을 늦추지 못했다. 뜀을 빨리할수록 머리가 깨질 듯 아팠다. 설마 하는 순간 머리를 감싸 쥔 채 그대로 쓰러졌다.

깨어나 보니 응급실이었다. 나는 탄력 좋은 스프링처럼 튕기듯 일어나 앉았다. 어느새 내 담당 의사와 경찰이 와 있었다. 나는 두 사람을 번갈아 쳐다보았다. 경찰은 담당 의사의 고갯짓에 따라 내게 아이의 손지갑과 휴대전화를 건네주었다.

"이게 뭡니까."

"저, 그게."

경찰이 내 담당 의사에게서 눈길을 떼면서 조심스럽게 이야기를 꺼냈다. 아이가 촛불집회에 참석하러 가던 승용차에 치였단다. 그것도 병원 앞 찻길에서.

"목격자들 말에 따르면 뒤쫓던 남자를 피하려고 숙녀분 스스로 찻

길로 뛰어들었답니다."

경찰은 아이가 응급차에 실려 온 건 관심 없었다. 다만 차주의 잘못이 아님을 강조할 뿐이었다. 나는 문가에 선 경찰을 밀친 뒤 중환자실로 내달렸다. 생명이 꺼져가는 아이의 몸을 얼싸안았다.

"현아, 아가야 눈 좀 떠 봐!"

나는 울 기운도 없어서 딸의 이름만 되풀이해 불렀다. 내 음성에 반응하듯 감았던 아이가 힘겹게 눈을 떴다. 나는 뺨을 타고 주르륵 흘러내리는 아이의 눈물을 닦아 주었다.

"내 새끼, 엄마가 고생만 시켜서 미안해."

나는 그동안 딸에게 못다 한 속말을 내비쳤다. 그러자 아이는 거친 숨을 몰아쉬면서 간신히 응답했다.

"엄마, 며칠 후 택배가 도착할 거야. 꼭 바꿔 써."

아이는 그 말을 마지막으로 숨을 거두었다.

나는 무슨 일로 그 여성분을 찾느냐고 물었다. 내 질문을 무시한 뱁새눈이 양복 안주머니를 뒤졌다.

"엄마, 누가 찾아와 나를 아느냐고 물으면 무조건 모른다고 잡아떼."

오랜만에 병원을 들른 아이가 나에게 신신당부했었다. 딸을 찻길로 몰아넣은 게 저놈들 짓이구나. 어쩐지 놈들의 겉모습이 심상치 않아 보였다. 딸아이가 놀라 도망치는 장면이 조금 전 일처럼 생생했다. 나는 아이의 미소가 여느 날과 달리 서글퍼 보여서 잠잠히 있던 직후였다. 정장 차림을 한 맞은편 환자 보호자가 병실로 들어섰다. 갑자기 아이가 침대 밑 좁은 틈으로 파고들었다. 나는 영문도 모른 채 아이에게 어서 나오라고 다그쳤다. 하지만 아이는 침대 바닥에 엎드린 채 잔뜩 겁먹은 채 나오려고 하지 않았다. 간병인의 손에 이끌려 점심을 다 먹은 환자들이 산책길을 가고 나서야 아이는 겨우 바닥을 기어 나왔다. 아이는 옷에 잔뜩 묻은 먼지를 털어 내지도 못한 채 황급하게 떠났었다. 그날 아이를 뒤쫓던 사내와 저놈들이 한 패거리인 모양이었다. 자신을 대부업체라고 밝힌 성난 몸집에 키 작은 사내가 사진을 보여 주었다. 딸이었다. 나는 움찔해서 하마터면 고함을 지를 뻔했다. 물통째 들어 벌컥벌컥 들이켰다. 평소와 달리 아이가 왜 그렇게 이상한 행동을 했는지 그때야 깨달았다. 단체 손님들이 몰려와서 참았지 하마터면 놈들의 낯짝에다 펄펄 끓는 음식을 들이부을 뻔했다.

　나는 주방과 연결된 찬방으로 갔다. 통로가 좁아 깡마른 나조차도 들어서기 버거웠다. 한꺼번에 들이닥친 손님들의 주문이 여기저기에서 쏟아졌다. 단말기에서 프린트한 차림표를 메뉴판에 끼워 주방으로 들이밀었다. 주문이 나오기 전 각기 다른 그릇에 어묵볶음과 무말랭이무침, 풋고추와 먹기 좋게 썬 양파를 나눠 담았다. 앞접시, 공깃밥, 물병을 올리자 쟁반이 묵직했다. 나는 음식물을 떨어뜨리지 않기 위해 힘주다 보니 손목이 욱신거렸다. 아이의 가녀린 손목도 아프긴 마찬가지였겠다.

　나는 아이의 손때 묻은 그릇들을 보고는 다시 힘을 냈다. 밑반찬과 탕기를 탁자에 차리기 무섭게 찌개가 나왔다는 주방 아주머니의 우렁찬 목소리가 들려왔다. 나는 부리나케 달려가 전골냄비를 가져다 가스레인지에 올렸다. 손님 맞이하랴, 주문받으랴, 요리를 불판에 올려놓으랴 정신이 하나도 없었다. 2번 테이블 물병, 8번 물수건, 12번 전골 5인분. 한꺼번에 밀려드는 메뉴를 혼자 몸으로 감당하기에는 역부족이었다. 나는 알통 밴 종아리를 절뚝거리면서 바쁘게 움직였다. 식당 문을 밀고 들어오는 이들, 계산하려는 이들, 다 먹고 일어서는 이들이 뒤섞여 한바탕 소란이 일었다. 14번 맥주 다섯 병 추가, 10번, 아니 저기도 물수건 달라잖아요? 상황이 이 지경인데도 실장은 사장의 애인이랍시고 도와주기는커녕 계산대 등받이 의자에 앉아서 지시만 일삼았다.

북적거리는 인파 속을 비집고 사장이 들어왔다. 손님이 얼마나 늘었는지 확인하려고 들렀나 보았다. 내가 지쳐 갈 무렵 사장이 소맷부리를 걷어붙이고 부족한 일손을 거들었다. 내가 소주와 밥을 나르는 사이 사장은 전골냄비를 옮겼다. 두서없이 일하다 보니 주문이 뒤죽박죽 얽혔다. 추가된 라면 대신 만두가 딸려 나갔다. 쌈장이 맥주로 바뀌어 나갔고, 찌개 2인분을 시킨 테이블에는 4인분이, 공깃밥이 놓인 자리에 또다시 공깃밥이 놓였다. 주문이 밀린 주방도 바쁘기는 마찬가지였다. 빈 그릇들이 주방 개수대를 넘어 찬방 선반까지 쌓였다. 그런데도 실장은 전화통만 붙잡고 늘어졌다.

"잡담 그만하고 당장 홀 좀 거들어!"

사장의 불호령이 떨어지자 그때야 실장이 행주를 들었다. 실장은 치우는 시늉만 할 뿐 사장이 자리를 뜨자마자 계산대로 되돌아갔다.

손님들이 뜸한 사이 뒤늦은 점심을 차렸다. 막 밥 한술 떠먹으려는데 실장이 급하게 나를 불렀다. 실장이 엄지손가락으로 바깥을 가리켰다. 나를 찾아올 사람이 없는데, 의아해서 고개를 갸웃거렸다.

나는 께름칙해서 나가 봐야 하나 말아야 하나 갈피를 못 잡고 서성거렸다.

"내 말이 말 같잖아요?"

실장의 언성이 귀에 꽂혔다. 실장은 사장한테 야단맞은 분풀이를 나에게 앙갚음하고 있었다. 수시로 생트집을 잡는 실장 때문에 딸도 엄청 힘들었겠다. 차라리 나한테 분풀이라도 했더라면 속이 후련했을 텐데 푸념조차 한 적이 없었다. 내가 뭐 그리 대단하기에 딸을 앞세웠을까, 한스럽기 짝이 없었다.

밖으로 나서자 강추위에 몸이 움츠러들었다. 나는 양팔로 몸을 감싼 채 접이식 차광막 아래에서 주위를 살폈다. 점심을 먹고 가는 이들뿐 낯익은 얼굴은 보이지 않았다. 졸아들었던 마음을 가라앉히고는 돌아섰다. 식사를 끝내고 간 줄 알았던 뱁새눈이 내 앞을 가로막고 서 있었다. 나는 스포츠머리마저 거리를 좁혀 오자 놈들을 본 것 같아서 여길 떠야겠다던 딸의 문구가 떠올랐다. 나는 놈들과의 간격이 짧아질수록 돼지 갈비뼈가 목구멍을 막은 것처럼 갑갑했다. 목 뒤편에 동여맨 까만색 앞치마 끈을 느슨하게 풀었다. 숨쉬기가 한결 수월했다.

"뭐 하는 놈들인데 바쁜 사람 앞을 가로막아."

나는 위기에 몰린 새끼 고라니처럼 필사적으로 덤벼들었다. 입바른 호통도 놈들에게는 통하지 않았다.

"그년이 아줌마 딸이라며."

옆에 있던 스포츠머리가 내 어깨를 지그시 눌렀다.

"누가 그래?"

나는 우습게 보이기 싫어서 놈의 욕설을 맞받아쳤다. 뱁새눈이 계산대에 앉아 있는 실장을 지목했다. 어쩐지 놈들이 딸의 죽음을 모를 리 없었다. 놈들은 딸 대신 나를 노리고 온 것이 분명했다.

"쓸데없는 소리 그만 지껄이고 길이나 비켜."

나 또한 놈들이 살벌해서 그림자만 봐도 오금이 저릴 정도였다. 나는 수술 전에 깎은 굵은 머리채에 된통 얻어맞은 기분이었다. 별안간 딸에게 해일처럼 몰아닥친 공포를 느꼈다. 굵은 머리채에 된통 얻어맞은 기분이었다. 나는 놈들의 행동이 심상찮음을 느꼈다. 단 1초라도 빨리 여길 벗어나야만 했다. 넋 빠진 정신으로 도망칠 장소를 눈가늠했다. 홀을 통과해 뒷문으로 달아나야 놈들의 눈을 피할 수 있다.

나는 문고리를 열어젖혔다. 느지막이 끼니를 때운 서너 명의 사람들과 유리문을 통과하다 부딪쳤다. 얼떨결에 손을 뻗어 난간을 붙잡아 몸을 지탱했다. 머리가 허전했다. 나는 뱁새눈을 떠밀고 나서 얼어붙은 땅바닥을 밟았다. 가방을 주워 몸을 일으키는데 목을 짓누르는 거친 손아귀에 고개를 들지 못했다. 나는 올가미에 걸린 새끼 멧돼지처럼 숨통이 막혔다.

나는 놈의 일그러진 표정을 살피면서 머릿속을 굴렸다. 그 무렵 식당 한편에 딸린 온돌방 창문 틈으로 고성이 새어 나왔다. 이번에는 정유라의 부정 입학에 관한 내용이었다. 대학교에 낼 입학금이 없어 가발 공장에 취직한 딸과 대비되었다. 때맞춰 우리 가게에 물건을 대 주는 승합차가 나와 놈들과의 거리를 벌려 놓았다. 나는 기회를 틈타 민첩하게 움직였다. 빙판길을 박차고 나아가 시동을 거는 택시에 올라탔다. 아저씨 빨리요. 나는 조수석으로 뛰어들면서 냅다 소리를 질렀다. 내 고함에 놀란 기사가 들입다 가속 페달을 밟았다. 길은 막힘없이 잘 뚫려 있었다. 서울을 향해 쏜살같이 달리는 택시에 몸을 맡기고는 뒤편 차창으로 놈들을 파악했다. 동작이 빠른 기사 덕분에 추격해 오던 놈들이 점점 뒤처졌다. 나는 바른 자세로 앉아 주변을 둘러보았다. 나는 택시가 커브를 틀 때쯤 저 멀리에 자리한 컨테이너 하우스를 눈가늠했다. 컨테이너 하우스는 떡갈나무 우듬지에 가려 보이지 않았다. 그래서 아이가 음식점에 들인 쪽방도 마다하고 저기에 머문 듯싶었다. 그 사이 택시는 들판과 몇 구비의 능선을 빠르게 넘었다. 단숨에 산골 마을을 넘어 하남시로 접어들었다. 내처 구리시, 남양주를 벗어났다.

기사가 속도를 늦췄을 때는 이미 시가지로 들어선 직후였다. 은평구로 접어들수록 눈에 익은 지층 건물과 고층 건물들이 뒤섞였다. 혼잡한 거리에 들어서자 아이가 졸업한 명지고등학교가 보였다. 아이가 준비물을 구매하던 문방구도, 내게 먹일 사골을 산 정육점도, 장을 보던 시장도 눈길에 사로잡았다. 나는 작은 건물 지하 창고에 있는 가발 공장을 마주한 순간 숨이 턱 막혔다. 내가 건강했더라면 아이는 지금쯤 법의학자가 되었겠다. 인체에서 나온 분비물이나 옷가지, 의약품, 지문과 같은 다양한 물체를 분석하길 좋아했다. 유전자를 감식해 미제 사건, 사고들을 해결해서 억울한 사람들을 돕겠다고 초등학교 때부터 입버릇처럼 말했었다. 집안 형편이 넉넉했다면 아이는 분명 그 꿈을 이뤄 냈을 터였다.

나는 집이 점점 가까워 놈들이 먼저 와서 기다릴까 봐 불안했다.

백미러에 수심 가득한 내 얼굴이 떴다. 피딱지 않은 민머리, 퉁퉁 부은 눈두덩, 살점 발린 뼈처럼 앙상한 볼, 핏기 없는 입술, 오랜 기간 병마와 싸운 흔적들이 역력했다. 머리통에 큼지막한 흉터가 없었다면 나 또한 다른 사람으로 착각하기 쉬웠다. 지친 몸을 좌석 등반이에 기댔다. 깜빡 졸았다. 얼마쯤 잤을까. 비몽사몽 중에 엉덩이가 배겼다. 깔고 앉은 물건을 끄집어냈다. 몸무게에 눌려 마음이 약해진 가발을 보자 잠이 확 달아났다. 내가 가발을 집어 드는데 기사가 다 왔다는 신호를 보냈다. 나는 고맙다는 인사를 하고는 요금을 냈다.

나는 택시가 떠난 자리에서 담 너머에 있는 우리 집을 한참 올려다보았다. 내 뒷바라지를 하느라 집에 머물 틈도 없었던 딸이 생각나서였다.

"엄마, 이제 낡은 가발 버리고 새 가발 써."

딸아이가 사망 직전에 한 말이 허공을 떠돌았다. 하필이면 아이의 장례식을 치르고 돌아온 날, 택배가 도착해 있었다. 집에 아무도 없어서 놓고 간다는 택배 쪽지가 편지함에서 나부꼈다. 나는 착잡한 마음으로 택배를 가지고 들어와 풀어 보았다. 다름 아닌 아이의 머리칼로 만든 인모 가발이었다. 나는 할 말을 잃고는 시뻘건 봉지를 서랍 깊숙이 넣어 두었다. 비로소 아이가 그토록 소중하게 여겼던 머리칼을 왜 잘랐는지 터득했다. 그날 밤 나는 인모 가발을 품에 안은 채 뜬눈으로 밤을 지새웠었다.

나는 구둣발 소리에 움찔했다. 불안한 눈으로 후미진 골목길을 두리번거렸다. 다행히 이웃집 여자가 이삿짐 트럭에 오를 뿐 슈트를 걸친 놈들은 없었다. 마음이 놓이자 재개발을 앞둔 낡은 주택이 눈에 들어찼다. 주택조합에서 알린 이사 날짜가 이번 주까지였는데 깜빡했다. 어쩐지 집마다 불이 꺼져 있더라니. 몸이 움츠러들 무렵 가로등 불이 으슥한 골목길을 밝혔다. 불빛에 드러난 담벼락은 내가 여기를 뜰 때보다 더욱더 허물어져 있었다. 붉은 스프레이로 그어진 X자 아래 내 머리통만 한 구멍이 뚫렸다. 금방이라도 허물어질 것 같은 벽면을 보자 손이 자연스럽게 머리통으로 옮겨졌다. 빠진 머리칼을 죄다 뭉쳐서 허한 구멍을 메워도 헛수고일 게 뻔했다.

 기어코 잔뜩 찌푸린 하늘에서 함박눈이 내렸다. 이번 해의 첫눈이었다. 이제 와 생각해 보니 나는 딸과 함께 첫눈을 맞끽한 적이 없었다. 나는 휴일도 없이 새벽부터 늦은 밤까지 일하기 바빴고, 딸은 학교생활과 아르바이트를 겸하느라 함께 하는 시간을 비껴가서였다 나는 아이가 "마지막 선물"이라고 했는데도 왜 깨닫지 못했을까. 가난보다 더 두려운 건 홀로 남겨졌다는 사실이었다. 그 사이 함박눈이 나를 조롱하듯 폭설로 바뀌었다. 그 가운데 "엄마 새 가발 쓴 모습 보고 싶어." 나는 어리둥절해서 눈물, 콧물 훔치며 눈이 펑펑 쏟아지는 밤하늘을 뚫어지게 응시했다. 아이는 곁에 없는데 눈송이에 젖어 묵직한 낡은 가발이 울음 끝자락에 머물러 있었다. 나는 감청색 대문을 넘어서기 직전, 해묵은 통가발을 헌옷수거힘에 버렸다.

박명문
- 충북 영동 학산 출생
- 상명여대 경제학과, 서울예술대학 문예창작과 졸업
- 『한국소설』에 「쏙독새는 왜 동감나무에 둥지를 틀었나」로 등단

수필

엄마의 처음 외 1편/양효숙

용산역으로 엄마 마중을 나갔다. 눈앞에 있는 엘리베이터를 찾지 못한 채 계단으로 올라왔다고 우릴 보자마자 짜증부터 냈다. 그런 엄마가 낯설다. 꽃무늬 배낭을 메고 양손에 하나씩 들었던 짐의 무게가 가늠됐다. 자식들이 빈 몸으로 오란다고 정말 빈손으로 오면 되겠냐고 하면서 앞서가는 사위를 따라간다. 생각나는 대로 말하는 엄마의 말이 소음에 묻히지 않고 도드라졌다.

엄마의 뒷모습이 짐 보따리 세 개와 함께 읽힌다. 어린 나 때문에 도망가지 못했다는 말을 요즘 반복한다. 그 말을 들을 때마다 감정 반응이 다르다. 버림받지 않고 컸다는 안도감으로 처음엔 고마웠다. 엄마의 발목을 잡은 나로 바뀌자 감정이 올라왔다. 가족이지만 선물이 아닌 짐으로 바뀌는 순간 불행의 나락으로 떨어진다.

날개옷을 숨긴 나무꾼과 아이 셋을 낳은 선녀가 현실 속에서 발견된다. 동화는 동화일 때 아름답다. 어쩌다가 자식이 셋이나 돼 눌러앉았으니 신세타령이 아니 나올 수 없다. 둘러업고 양손에 한 명씩 붙들고 하늘로 올라가는 그림이 불안하고 불안정한 상승기류를 낳았다.

설날과 추석 명절에 삼 남매 집으로 엄마가 찾아온다. 이번 추석엔 의정부 우리 집에서 모이기로 했다. 엄마가 구십점인데 아버지가 돌아가신 후 이상 신호가 감지된다. 이런 것을 처음 먹어 보고 처음

본다고 당신이 말할 때마다 신경 쓰인다. 처음이란 말을 처음 들었을 땐 그런가 보다 하고 넘겼다. 처음이 아닌데 처음이라 하니 다른 생각으로 치닫는다.

인지능력이 떨어지는 엄마의 처음을 받아들이고 싶지 않다. 애써 외면하고 싶어도 같은 말을 반복하는 일이 계속된다. 요양보호사 공부를 하면서 치매 관련 정보에 관심이 갔다. 매일 일정한 시간에 통화하며 엄마의 일상을 기록했다. 육아일기를 쓸 때와 상반된 기록에 맥이 빠진다. 성장할 때가 있으면 퇴화할 때가 있는 게 자연의 섭리인데 치매만은 제발 비켜 가 주길 바라는 마음이다. 처가에 가야 하는 동생들이 치고 빠진다. 추석 연휴 4일 동안 엄마와 오롯이 밀착된 채 지내다 보니 울퉁불퉁한 일이 만져졌다. 서로 사랑하지만, 같이 사는 게 자신 없어지는 걸 자연스레 알아 버렸다.

샤워하고 나온 엄마의 몸을 오랜만에 봤다. 후덕하던 몸집이 어디로 사라지고 껍데기만 두르고 나왔다. 등판엔 부황 뜬 자리가 선명하게 그려져 있고 손이 닿지 않은 곳에 파스를 붙여줬다. 밭일하다가 말벌에 쏘인 손등이 두 달이 지났는데 아직도 가렵다고 긁어 댔다. 건조한 엄마의 몸에서 마르지 않고 고인 옛이야기가 반복된다. 아버지가 돌아가고 엄마의 해방일지가 기쁜 일들로 채워질 줄 알았다. 천적처럼 살았던 아버지보다 더 센 복병이 찾아올 줄이야.

엄마의 기억력을 좋게 해 보려고 수소문했다. 엄마를 모시고 강남에 있는 치매전문 한의원을 찾아갔다. 여러 가지 테스트를 하는데 엄마의 긴장감이 덩달아 상승했다. 조마조마한 공기의 압력이 터지듯 엄마가 울면서 화를 냈다. 생전 처음 보는 시험 문제를 풀 듯 서로 당혹스러움을 감추지 못했다. 다시는 이런 것 하지 않겠다고 엄마가 말은 했지만 6개월 동안 다른 약보다 더 한약을 지극 정성으로 복용했다.

엄마의 밥그릇은 점점 작아지고 약의 가짓수가 늘었다. 단둘이 있을 때 강남 한의원에서 왜 그렇게 화를 냈었냐고 물었다. 혹시 나와 사위 앞에서 문제를 풀지 못해 창피해서 그런 거였냐고 했더니 아니었다. '내가 왜 이렇게 됐는지 모르겠다고!' 그런저런 생각이 들어서 화가 났다고.

또다시 용산역으로 배웅을 나갔다. 시골엔 이런 게 없다고 주섬주섬 짐을 챙긴다. 꽃무늬 배낭을 메고 양손에 들고 왔던 그대로 무게감을 덜어 낸 짐과 함께 동행한다. 앞으로 몇 번이나 마중과 배웅을 할 수 있을까. 자식들 집에 오는 게 소풍처럼 즐거워서 잠까지 설쳤다는데 그런 소풍날도 엄마가 있기에 가능하다.

엄마의 처음이 점점 앞당겨지고 늘어날 것이다. 처음이란 말 자체도 잊어버릴까 봐 가슴 조인다. 엄마를 잃어버리지 않기 위해 자꾸 전화 걸어서 말을 시킨다. '내가 어쩌다 너를 낳아서 저녁마다 이렇게 딸이 전화해 주니 고맙다.' 어쩌면 이 말을 계속 듣고 싶어서 전화를 하고 있는지도 모른다. 녹음이라도 해 놔야 하는 것 아닐까.

감정주의보

　감정이 또 다른 감정을 불러들인다. 증폭되는 감정에 휩쓸릴 때가 있다. 차분하게 탐색하며 그 뿌리를 파고든다. 어디로부터 온 것이고 무엇을 위한 것인지 얻고 잃는 것에 대한 판단이 생긴다. 자기감정을 존중하고 성찰하며 나아가면 논리가 형성된다. 마주 앉아 있는 상대의 감정도 그렇게 바라본다.
　오로지 자기감정에만 충실한 사람이 있다. 그냥 그대로 봐 주는 것도 하나의 방법이다. 수렁으로 빠져드는 자신을 스스로 발견한다면 그나마 기회가 있기에 다행이다. 인문학적인 감성을 불어넣어서 무딘 감정이 회복된다면 좋겠다.
　사람과 인간 너머에 좀비 같은 이들이 공존한다. 이들을 구분하는 데 감성지수가 적용된다. 사랑이 뭔지 끊임없이 알려 주는 사람, 최소한의 인간미가 결핍되지 않은 상태로 반응하는 인간, 오로지 돈과 권력욕에만 충실한 좀비로 나뉠 뿐이다.
　최소한의 부끄러움과 수치심마저 없는 이들로 불안한 세태다. 추하고 사악한 힘을 가진 이들에게 굴복하지 않은 채 자기만의 방식으로 맞선다. 그럼에도 불구하고 소중한 것을 지켜 내기 위한 몸부림은 언제나 처절하다. 그 순간이 늘 마지막인 것처럼 선택하고 사는 이들에게서 감동의 메시지를 읽는다.
　냉정하게 상황을 바라보며 감정기복 없이 해결책을 제시하는 이가 흔치 않다. 포커페이스가 잘 되지 않는 내게 그런 인간형을 수시로 주문했었다. "이상하게 네가 말하면 그 순간엔 듣기 불편해도 곱씹을수록 하나도 틀린 말이 없더라"라고. 평소 분노조절이 안 돼 늘 신경 쓰이게 했던 아버지의 말이다. 사람은 떠나도 말이 남아서 응원하는 경우라니.

설날 전야에 가족들이 저녁을 먹은 후 둘러앉아 윷놀이라도 한 판 하자고 했다. 가족 중 한 명에게 미리 카페에 가자고 해 뒀다. 설에 만나 굳이 안 좋은 얘기할 필요가 있냐고 주변에서 말리기도 했다. 새로운 시작과 맞물려 좋은 기회로 작용할 거라고 안심시켰다.

야밤에 우리 둘이 사라진 이유를 가족 중에서도 셋만 안다. 평소 걷는 걸 좋아하기에 운동하러 나갔나 보다고 관심 갖지 않았다. 세 명마저도 어떻게 됐는지 하나도 궁금하지 않은 것처럼 먼저 묻지 않았다.

공간을 다르게 하면 그 분위기에 맞는 적당한 말이 나와서 종종 카페에 간다. 이번엔 낯선 도시의 무인카페에서 마주 앉았다. 미리 무슨 말을 하려는지 가늠해 보라고 던졌는데 세 가지 중 하나도 알아맞히지 못했다. 사회적인 직책이 있어서 평소 다양한 인간관계에 대한 피로감을 호소하기도 했다. 핵심에서 벗어난 변명처럼 들렸다. 태도에 진정성이 얼마만큼 결여돼 있다고 판단될 때마다 냉정하게 직면시켰다. 나 아닌 다른 가족에 대한 분노수치가 예상한 대로 깊다. 내 눈을 피한 채 대답하고 감정이 눌러지지 않아 무척 힘들어 보인다. 가족이라고 해도 해 줄 수 있는 것에 대한 한계가 있고 가족이기에 더 이상 몰아가면 안 될 것 같아 멈췄다.

자기가 뭘 하는지도 모르고 어떤 파장을 일으킬 거라는 심각성 또

한 유추하지 못하는 어리석음이 곳곳에서 드러난다. 모든 게 연결돼 연대하지 않으면 안 되는 현실이다. 가족들 사이라도 예외는 아니다. 지난밤에 묵은 얘기해서 좋았다고. 엄마에게도 별도로 죄송스럽다는 말과 함께 계좌이체 건도 말했다는 카톡이 왔다. 돈보다 우선시 되는 소중한 가치들을 챙기며 살아야 할 듯하다고. 현명하게 잘 결정하고 실행해서 좋다고. 새해 설날 최고의 굿 뉴스이자 선물이라고 화답했는데 무응답이다. 때론 무반응도 반응이기에 상상의 여지를 준다. 앞으로 가족들을 위해 최소한의 것만 하겠다고 했으니 거기에 맞는 나만의 면역력도 금세 키워졌나 보다.

정작 엄마에게 확인하니 그 말에 대한 기억이 나지 않는다고. 하루도 지나지 않았는데 그 중요한 말을 어떻게 전달했기에 그럴까. 엄마의 기억력이 점점 떨어지고 있다는 걸 감안하면서 접근한다. 아직 엄마의 인지능력이 그 정도는 아니다. 엄마의 말에서도 짜증이 묻어난다. 딸이지만 엄마의 말벗이 되고 때론 엄마의 엄마 역할까지 하는 중이다. 있는 모습 그대로를 용납해 주는 이가 누구에게나 있진 않다.

일단 믿어 주기로 했다. 때론 알아도 모른 척 넘어가고 눈감아 주는 것도 방법이라고 다독이면서. 해묵은 얘기에 대한 해갈이 있어서 생각보다 무덤덤하다. 핏줄로 맺어진 가족과 선택에 의한 확대가족 사이에서 인연의 굴곡진 이야기가 흘러나온다.

임시공휴일까지 6일간의 설날 연휴였다. 큰동생이 미리 처가에 다녀온 후, 눈길을 운전해서 엄마를 모셔 왔다. 평소 바쁘게 사는 자식들 집에 가지 못하니 명절에라도 집 구경하듯 온다. 엄마 집에서만 모이다가 이렇게 삼 남매 집에서 돌아가면서 모이자고 한 것도 나였다.

어느 집에서 만나도 밥상엔 지리산 음식들로 차려졌다. 시골 장날에 미리 장을 봐서 얼릴 건 얼리고 상하지 않도록 신경 쓴다. 이번에도 큰동생이 엄마만 모셔 온 게 아니다. 엄마가 농협에서 200만 원을 뽑아 봉투 열두 개를 만들었다. 유산을 이렇게 분배하는 것도 나름 의미 있고 즐겁다.

동일한 경험을 했는데도 우린 자기만의 방식으로 떠올릴 것이다. 같은 경험과 다른 해석으로 오해가 불거진다. 가족 카톡방에서 엄마를 위한 명절 보내기 방법에 대해 의견을 제시한 게 발화점이 될 줄 몰랐다. 좋은 감정을 가지고 썼던 글마저도 일방적이고 서운한 감정으로 받아들여진다. 카페에서 얼굴 보며 얘기하자고 했던 이유다.

너무 좋은 가족이 되려고 애쓸 필요 없다. 적당한 기회를 만들어서 카페에 가자고 먼저 말해도 된다. 지난 추석엔 우리 집에서 친정 식구들이 모였다. 엄마가 몇 밤을 주무시고 가셨다. 이자를 불려 준다고 내게 맡겨둔 돈에 대한 권한을 위임한다는 유언장도 써 뒀다. 분배의 형평성이다. 무인 카페로 불러낸 세 가지 이유 중 하나이고 가장 하고 싶었던 말이다. 가족을 해체시키고 상처 주기 딱 좋은 돈에 휘둘리지 않기 위해서.

양효숙
- 전남 구례 출생
- 계간 『시에』 수필 등단
- 수필집: 『뾰족구두를 벗은 초록여우』
- 회천중학교 사서

수필

초원의 빛/임영희

　문자를 클릭하자 방금 전 그녀의 부음이 도착해 있었다. 아마 지금쯤 빈소가 차려지고 유가족들은 오열하거나 오랜 병수발에 지쳐 넋이 나가 눈물도 메말라 담담할 수도 있으리라.
　나는 마음속으로 향을 피워 올리고 하얀 국화꽃 한 송이를 그녀의 영전에 바쳤다. 그리고 경건하게 두 손을 모으고 묵념을 한다.
　잘 가요. 그곳에선 절대 아프지 말아요. 안녕!

　그녀는 병원에서도 치료가 어렵다고 손을 놓은 말기 암 환자였다.
　시 치료사로 일하는 나는 심리적으로 불안한 그녀를 위해 하루 다섯 시간씩 함께 생활하게 된 것이다.
　식탁을 차려 함께 먹고 차를 마시고 살아온 날들을 뒤돌아보며 담소를 나눴다. 그녀가 요구하는 시를 찾아 읽고 내용을 해독하고 시인의 심성을 분석하기도 했다. 단발머리 여고생으로 돌아가 상기된 얼굴로 '윌리엄 워즈워스'의 「초원의 빛」을 능숙한 원어로 술술 암송하던 그녀였다.
　막 부임한 앳된 미남의 국어 선생님이 좋아서 그녀는 시를 가까이 하게 되었다며 까르르 소녀처럼 웃었다. 날아가는 잠자리만 봐도 웃음보가 터지는 사춘기의 여고생들에게 나이 차도 별로 안 나는 총각 선생의 출현은 일대의 획기적인 사건이었다.

그녀가 그 총각 선생과의 일화를 떠올리는 순간, 죽음의 그림자에 둘러싸인 시한부 환자의 모습은 씻은 듯이 사라졌다. 어쩌면 인생에서 가장 행복했던 시절로 돌아간 그녀는 풋풋한 여고생이 되어 총각 선생님이 달콤한 목소리로 「초원의 빛」을 낭독하던 그 순간에 머물러 있는 것 같았다. 나는 그녀의 들뜬 모습을 보면서 내 안 깊숙이 잠재웠던 감정이 울컥 치밀어 올라와 깊은 내면의 통증으로 시달린다.

국어 선생님을 연모하던 청순한 소녀는 문학에 심취되어 서울의 모 여대 국문과에 들어갔다. 그녀는 통증이 잦아들면 담담하게 실타래처럼 자신의 이야기를 풀어 냈다.

아, 나는 왜 그녀를 생각하면 가슴이 무너져 내리는 것일까.

여기 적힌 이 먹빛이 희미해질수록
당신의 사랑하는 마음이 희미해진다면
이 먹빛이 마름하는 날
나는 당신을 잊을 수 있겠습니다.

그를 떠나보내고 수없이 되뇌던 구절이다.

그녀의 고해성사는 계속되었다.

한 해가 저무는 12월 하순쯤이면 Y시는 총 예술인연합회 산하 단체를 총망라한 "예술인의 밤" 축제 한마당이 열렸다. ○○홀이 꽉 들어찰 정도로 커다란 행사였다. 각 지부가 원탁에 둥그렇게 둘러앉아 담소가 한창이다. 식순에 따라 사회자의 진행으로 예총 회장의 인사말이 끝나고 수상자들의 시상이 시작되고 있었다. 화려한 의상에 꽃다발을 안은 수상자들의 얼굴에 웃음꽃이 핀다.

"다음은 민성희 님의 축시 낭송이 있겠습니다. 큰 박수로 맞아 주시기 바랍니다."

이 고요한 신새벽에 홀로 깨어나
경건하게 꿇어앉아 두 손을 모으나니
이 세상 소풍 마치는 날까지
아름답고 견고한 주춧돌 위에서
오늘의 소중하고 참다운 인연을
굳건히 이어 가게 하소서
우리들의 넉넉한 가슴속에
영롱한 보석처럼 간직하게 하소서
반목과 갈등을 봄눈처럼 녹여 내고
신망과 신의를 도탑게 하소서
진솔한 마음을 오롯이 담아낼 수 있는
행복한 둥지가 되게 하소서
늘 해맑은 웃음꽃 환하게 피어나는
반짝반짝 윤택한 삶이게 하소서
이 고요한 새벽에 홀로 깨어나
경건하게 꿇어앉아 두 손을 모으나니
묵은해를 접는 아쉬운 길목에서
끝없이 펼쳐진 저 순결한 백지 위에
이제는 한 치의 오차도 없이
힘차게 한 획을 긋도록 하소서

「소망」 임솔희 作

그녀는 우레와 같은 박수갈채에 싸여 천천히 제자리로 돌아와 앉았다. 그리고 그의 문자 한 통을 받았다. 이 행사가 끝나고 지하 주차장에서 기다리겠다는 내용이었다. 왠지 거절하면 안 될 것 같은 통첩(?)인 양 메시지는 강한 힘이 들어 있었다.

그녀는 피식 웃었다. 알았다고 가볍게 답문을 보냈다. 그리고 미협 쪽으로 시선을 옮기자 그가 손가락으로 OK 사인을 보내며 눈짓을 했다. 순간 전율이 그녀의 온몸을 감싸고 돌았다.

20대 후반의 남자와 20대 초반의 여자가 위험한 사랑을 시작했다. 만나서 밥을 먹고 차를 마시고 릴케와 로댕을 치열하게 해부했다. 겉으론 누가 봐도 전혀 이상할 게 없는 평범한 데이트를 즐기며 만남을 이어 갔다. 여섯 살 연상의 남자를 눈(目)에 담기 시작하면서 그녀의 생활은 날마다 윤택해졌다. 세상은 더없이 아름다웠고 너그러웠으며 풍요로운 삶을 그녀에게 선물했다.

어느새 그녀는 단 한 사람의 주인을 위하여 팽팽하게 조율된 악기가 되어 있었다. 그의 손가락 끝이 몸에 닿으면 잠자던 세포가 일제히 일어나 현을 타고 아름다운 선율이 흘러나왔다. 잘 숙련된 연주자가 익숙하게 악기를 연주하듯 섬세한 손가락이 건반 위에서 나비가 날 듯 리드미컬하게 미끄러진다. 때론 부드럽게 때론 강하게 악기는 천상의 소리를 냈다. 그의 달콤한 속삭임과 거친 숨소리와 손가락 동작 하나하나가 쏘아 올린 화살은 정확하게 그녀의 심장을 파고들어 말초신경 깊숙이 박혔다.

"당신은 천생 여자야. 작고 하얗고 부드러워."
그는 그녀의 어깨를 감싸 안으며 나직하게 속삭이곤 했다.

조형미술을 하는 그의 작업실은 기계나 연장 같은 것들로 채워져 있었다. 깎고 자르고 다듬는데 필요한 것들로 어수선했다.
"심란하네. 우린 원고지와 펜만 있으면 되니 얼마나 좋아."
그녀의 말에 그는 옥수수처럼 가지런한 하얀 이를 활짝 드러내며 씩 웃었다. 그럴 때마다 그에게선 갓 양치를 끝낸 듯 신선한 박하 향기가 묻어나왔다.
작업실 한쪽으로 책장과 냉장고와 침대가 놓여 있었다. 책장을 훑어보다가 그녀의 시집이 꽂혀 있는 게 보였다. 그녀가 시집을 꺼내 들자 그가 촉촉한 목소리로 시 한 편을 노래한다. 그녀가 다음 구절을 나직나직 적당한 강약의 조절로 시 낭송은 절정을 향해 치닫는다. 그가 다가와 두 팔로 그녀의 어깨를 끌어당겼고 그녀는 자석처럼 그에게 스며든다.
아아, 우리는 도대체 어디까지 살얼음판을 딛고 이 위태로운 항해를 계속하려 하는가? 여자는 자신에게 닥쳐올 불행을 까맣게 모르고 남자는 애써 외면했다

내가 그를 사랑하는 일이
누군가의 가슴을 미어지게 하는 일이라면
나는 분명 죄인입니다

그가 나를 사랑하는 일이
누군가의 마음을 무너지게 하는 일이라면
그도 분명 죄인입니다

그걸 알면서도
서로를 목숨처럼 사랑하는 일이 죄가 된다면
우린 기꺼이 십자가를 짊어지겠습니다
내가 그를 사랑하고 사랑받는 일이
해가 지고 별이 돋는 일처럼 사소한 일이겠으나
우린 이 순간을 위해서 어제가 있었고
또 내일이 존재할 뿐 다른 의미는 없습니다

아, 시월의 마지막 밤이 깊었습니다
낙엽을 날리던 바람마저 잠들어 있는 시간에
나는 호올로
그를 사랑함에 한 치의 소홀함도 없기를
경건하게 기원합니다

창밖엔 가을이 한창입니다
우리 사랑도
어느 땐가는 저렇게 낙엽이 되어
덧없이 흩어져 버릴 것입니다
또 다른 사랑이 태어나듯이
우리 사랑도 저렇게 지고 말 것을 압니다
그걸 알면서도 우린 이 순간을 머물지 못하고
서럽게 서럽게 흘러갑니다

우리가 사랑을 윤택하게 하는 일이
누군가를 야위게 하는 일이라면
우린 어쩔 수 없이
주홍글씨를 달고 살아가겠습니다

「너를 사랑하고 나는 울었다」 임솔희 作

 섬세하고 촉촉한 감성을 가진 그녀는 수선화의 이미지처럼 청순하고 단아했다. 죽음을 눈앞에 둔 사람이 어쩜 저렇게 초연할 수 있을까? 모든 걸 다 내려놓고 천국으로 가는 특급열차 티켓을 예약해 놓은 그녀는 담담하고 쓸쓸하게 웃었다. 이미 모든 것을 받아들이고 주님에게 의지한 그녀는 너무 침착해서 죽음을 목전에 둔 환자라는 사실을 가끔 잊게 한다.
 때때로 통증이 밀려오면 부리나케 방으로 들어가 방문을 닫아 걸었다. 잠금장치의 찰칵하는 금속성이 날카롭고 차갑게 고막을 흔들어 놓는다. 그녀는 수건으로 입을 틀어막고 홀로 통증을 견디고 있을 터, 가녀린 신음이 문틈으로 새어 나왔다. 그럴 때면 무기력한 나는 잠긴 문을 두드리며 발만 동동 구를 뿐 마땅히 해 줄 수 있는 게 없었다.
 남편이나 두 아들, 심지어 그녀의 불안한 심리를 안정시키고자 고용된 내게도 철저하게 고통으로 일그러진 자신의 모습을 보이지 않으려 애썼다.

이제 겨우 54년을 살아온 그녀.

슬하에 두 아들을 낳아 키운 그녀.

작은아들 짝을 맺어 주지 못하고 떠나는 것을 가슴 아파한 그녀.

회한이 밀려올 때면 그녀는 자신이 살아온 지난날을 푸른 하늘에 깔아 놓은 하얀 구름 카펫처럼 활짝 펼쳐놓기도 했다.

"선생님, 그 남자는 다른 여자와 동거하면서 나를 만났던 거죠."

어느 날 동거녀가 학교로 찾아와 모든 내막을 알게 된 그녀는 독한 마음을 먹고 헤어질 결심을 했다. 그러나 그 남자가 죽어 버리겠다며 다량의 수면제를 복용하고 병원으로 실려 가는 바람에 한바탕 소동이 일었다.

국어 선생님을 향했던 순수한 여고생의 플라토닉 러브는 무지개의 환상이었다. 그런데 대학 시절 한창 불태웠던 청춘 남녀가 남긴 상처는 깊고 아렸다. 그 남자의 배신 때문에 아름다운 미래는 산산조각이 났다면서 그녀는 쓸쓸하게 웃었다.

그땐 이미 몸속에 아이가 자라고 있었는데 그녀는 혼자 낳아서 키울 작정을 했다. 사태가 심각한 걸 직감한 그의 어머니가 궁여지책窮餘之策으로 동거녀에게 거액의 위자료를 건넸다. 지폐의 위력은 대단했다. 꿈쩍도 않던 동거녀가 보따리를 쌌던 것이다. 성희의 배가 불러 오자 양가에서는 결혼식을 서둘렀고 그녀는 체념 상태에서 흘러가는 대로 자신을 맡겼다.

남편과의 결혼생활은 10년 남짓했다. 그 후로도 남편의 습관성 바람기 때문에 그녀의 속은 문드러졌다.

"선생님 제가 벌을 받나 봐요. 애들에게서 아빠를 떼어 내고 나를 위해 이혼을 했으니 이렇게 죽을병에 걸렸나 봐요."

그녀는 바람둥이 남편이 너무 속을 썩여 이혼 서류에 도장을 찍고 호적에서 이름을 지웠다.

그녀는 오로지 애들만 바라보고 발이 부르트도록 뛰어다녔다. 고된 생활에 지쳐 갈 무렵이었다. 어느 날 이혼한 남편이 술을 마시고 찾아와 짐승처럼 울부짖었다. 그녀는 잘못했다고 싹싹 비는 남편을 순전히 두 아들 때문에 다시 받아들였다. 이미 부부의 정이라고는 추호도 남아 있지 않았으나 아직 사춘기의 남자애들을 감당하기 버거웠던 그녀는 오로지 애들만 생각하기로 했다. 이 남자와의 이혼이 나를 위한 것이었다면 재혼은 순전히 아이들을 위한 것이었다며 그녀는 시니컬하게 웃었다.

심적 방황을 하는 애들에게 아빠를 찾아 주고 싶었다는 그녀. 그러나 다시 안정된 생활을 하는 것처럼 자신을 속이며 살았으나 그녀의 운명은 가혹했다.

어느 날 몸의 이상한 기운을 감지하고 불길한 예감으로 병원을 찾았을 땐 이미 손도 쓸 수 없을 만큼 깊이 뿌리내린 병마가 그녀를 덮쳤던 것이다. 자기 때문에 아내가 몹쓸 암에 걸렸다며 무릎을 꿇고 오열하는 남편 앞에서 오히려 그녀는 담담했다.

"선생님, 그 남자가 어깨를 들썩이며 흐느끼는데 얼마나 측은하던지 봄눈 녹듯 쌓였던 미움이 싹 사라졌어요. 다시는 안 봐야지, 하며 용서는 가당치도 않다고 수없이 다짐했거든요. 그런데 그런 남편이 차암 불쌍했어요."

나는 그녀를 알 것 같다.

"참 잘했어요. 용서해야 내가 편하다는 걸 이미 알고 있는 성희 씨는 참 지혜롭고 현명하세요."

그래도 남편이 있어 애들을 두고 가는 마음이 조금 놓인다고 말했다. 이제 남편이 아내에게 진 빚을 남겨질 두 아들에게 갚아 가기로 약속했다고 쓸쓸히 웃던 그녀의 미소가 진한 슬픔으로 젖어 있었다.

극심한 통증이 몰려오면 빨리 데려가시라고 기도를 한다는 그녀가 역설적이게도 내게 매달릴 때가 있었다.

"선생님, 나 좀 살려줘요. 살고 싶어요."

죽음의 그림자가 시시각각 눈앞에 아른거릴 때면 그녀는 몸을 떨었다. 나는 말없이 그녀의 어깨를 안아 주었다. 그리고 나직이 중얼거렸다.

"괜찮아요. 겁내지 마. 누구나 다 가는 길인데요. 천국에서 당신이 꼭 필요한가 봐요. 그래도 포기하지 마세요. 끝까지 살아남겠다는 일념으로 희망도 내려놓지 마세요. 내가 도와줄게요."

종종 목사님이 방문하면 나를 옆에 앉히고 함께 예배를 보게 하던 그녀였다. 나는 할 줄도 모르는 기도를 하려고 두 손을 모았다. 진심으로 간절하게 그녀가 편한 길을 갈 수 있기를 빌었다. 주님의 뜻대로 하시되 그녀의 고통을 덜어 달라고, 가볍게 날아갈 수 있게 해 달라고 기원했다.

그녀는 시간이 얼마 남지 않았다고 믿기 때문인지 늘 쫓기듯 떠날 준비를 했다. 아이들과 남편의 겨울 옷가지나 이불 빨래, 커튼을 떼어 내 세탁소로 보냈다. 그리고 아이들 방을 매일 쓸고 닦는다고 했다. 이승을 떠날 채비를 서두르는가 싶어 나는 초조하고 불안했다.

어느 날 불현듯 그녀가 이별을 통고했다. 마지막 삶을 정리하던 그녀가 실낱같은 희망을 품고 포천의 어느 기도원으로 떠난다고 했다. 우리는 이승에서의 하직 인사를 했다.

"꼭 건강해져서 다시 돌아온다고 약속할까요? 우리 꼭 다시 만나요."

"반드시 살아 돌아와 다시 부를 테니 선생님 그때도 와 주실 거죠?"

우리는 흐르는 눈물을 주체할 수 없어 한참을 그렇게 부둥켜안고 침묵했다.

다음 날 내가 그녀의 집을 방문했을 때 그녀는 한결 편안한 표정으로 밝게 웃어 주었다. 그녀는 내가 일한 보수를 하얀 사각봉투에 넣어 장미꽃 바구니에 담아 놓고 유명 브랜드의 손지갑을 선물로 준비해 두고 있었다.

"선생님, 그동안 감사했어요. 저 꼭 건강해져서 돌아올게요."

"성희 씨, 희망의 끈을 놓으면 안 돼요. 우리 다시 만나자는 약속도 반드시 지켜야 합니다."

폭설이 세상을 하얗게 덮어 버린 날 그녀는 포천의 기도원으로 떠났다.

쌓인다 너와 함께
할 수 없는 슬픔이

빙글빙글 돌다가
파르르 파르르 떨다가
사뿐히 내려앉는 슬픔

쌓인다 네 곁으로
갈 수 없는 그리움

허공을 맴돌다
지쳐 버린 몸짓으로
조용히 내려앉는 그리움

문득 하늘을 보면
아득한, 캄캄한

「폭설」 임솔희 作

    나는 저장해 둔 그녀의 전화번호와 사진을 보면서 그녀의 안부를 걱정했다. 그리고 두 달이 넘어갈 즈음 그녀의 부음이 날아들었다. 그런데 한걸음에 빈소로 달려가고 싶은 마음과 단지 몇 달간의 고용인이었을 뿐이라는 두 마음이 갈등했다. 그러나 그녀와 나누었던 영혼의 세계를 가볍게 희석시키고 싶지 않았다.
    "저 여자가 주제넘게 왜 여기에 나타나 눈물을 흘리나." 어쩌면 이런 수군거림이 두려웠는지도 모르겠다. 우리는 서로 스며들어 한 치의 거짓 없이 절실하게 진심을 다했던 시간이었다. 이런 관계가 시간과 공간을 초월해 얼마나 끈끈하게 얽히는지를 대다수의 사람들은 이해할 수 없으리라.

 나는 결국 주저앉고 말았다. 언젠가 그녀가 잠든 곳을 찾아서 술 한잔 올릴 수 있는 날이 오기를 빌었다. 그때가 되면 말하리라. 내가 그대의 빈소를 찾아 배웅하지 못해 얼마나 안타까웠는지를 조곤조곤 설명하리라. 나는 그녀를 위하여 윌리엄 워즈워스의 「초원의 빛」을 가만가만 읊조리며 두 손을 모았다.

 초원의 빛이여!
 꽃의 영광이여!
 다시는 그 시간이 돌아오지 않는다 하더라도 서러워 말지어다
 그 속 깊이 간직한 오묘한 힘을 찾으소서
 초원의 빛이여! 빛날 때 그대 영광 빛을 얻으소서

 밤하늘에 별이 된 그녀를 때때로 떠올리면 지금도 가슴이 무너져 내린다. 이 세상에 영원한 것은 아무것도 존재하지 않기 때문에 그리움은 더 애달픈 것일까. 나는 밤하늘을 올려다보며 가장 빛나는 별 하나를 골라 놓고 그녀의 이름을 나직하게 불러 본다.

 성희 씨 잘 있나요. 천국에선 부디 건강한 몸으로 늘 웃으며 지내세요. 이 세상에서 누리지 못한 모든 행운을 그곳에서 맘껏 누리길 빕니다.

 안녕.

콩트

친구/윤인구

　우리가 다니는 회사는 직원 300명 정도의 탄탄한 중소기업이었는데 서로 맘이 맞는 동료 7명이 친목 모임을 하고 있었다. 당시 칠 공주파 칠성파 그런 게 유행이었다. 친구는 학창 시절 축구선수였는데 다리를 심하게 다치고 집안 형편이 어려워 축구를 포기했다고 한다 톰 크루즈처럼 잘생기고 의협심이 강한 친구였다.
　꽃 피는 춘삼월 어느 날 우리는 할매보신탕 집에서 노조 조합장 선거에 친구가 도전하기로 의기양양하게 결의하였다. 당시 노조는 적폐가 심한 어용노조였는데 조합장과 부조합장이 막상막하 한 판 승부를 벼루고 있었다.
　자금도 조직력도 없는 우리는 "어용노조 철폐하고 민주노조 쟁취하자" 머리띠 하나 둘러매고 뒤늦게 선거운동을 시작했다, 당시 민주노조 열기가 직장마다 전국적으로 들불처럼 일어나고 있던 때였다, 전반적인 사회적 분위기 때문인지 예상외로 조합원 호응이 뜨거웠다 모두 힘내라 응원하고 격려해 줬다, 이러다가 정말 친구가 조합장에 당선될 것 같은 분위기였다.
　최선을 다했는데 무슨 짬짬이가 있었는지 부조합장이 갑자기 사퇴하고 선거 결과 조합장이 몰표를 받아 다시 당선됐다, 우리가 받은 표는 14표였다.
　인생은 화사한 봄날 잠깐의 착각이라고 울분을 터트리며 퍼마시고 며칠 후, 느닷없이 청량리 경찰서 정보과 형사들이 검은 지프차를 타고 들이닥쳐 친구를 끌고 갔다. 사실 친구는 얼굴 간판이었고 실질적인 포스터 공약 연설문 과격한 투쟁 구호 같은 것은 내가 다 한 짓인데, 친구는 끝까지 자기가 다 했다고 우겨 나는 별일 없었지만, 친구는 반성문 10번 쓰고 개고생하고 초주검이 되어 풀려났다.

얼마 후 우리는 사장과 조합장의 멸시하는 눈초리를 견디지 못하고 사표를 내고 회사를 그만두었다. 친구는 경찰 블랙리스트에 올라 다른 회사 취직도 할 수 없었다. 전화위복이라고 친구는 당시 붐이 일고 있던 연립주택 건설 사업을 시작해 타고난 사업 수완으로 승승장구 짭짤하게 돈을 벌어 인생이 즐거운 졸부가 됐고, 나는 낚시에 미쳐 틈만 나면 충주호다 소양호다 눈먼 붕어를 잡으러 싸돌아 다니며 세월을 탕진했다.

초원의 빛이여 꽃의 영광이여
한때 그렇게도 빛나던 빛이 영원히 사라져
다시 그 시절이 돌아올 수 없다 해도
남아있는 것들이 있어 그날의 의미를 찾으리

- 윌리엄 워드워스 -

윤인구
- 시집:『어떤 의식에 대한 성찰』 외
- 한국작가회의 양주 지부 회원

시사평설

김치찌개나 끓이는 대통령 외 2편/류재복

　지난 24일, 더불어민주당은 대통령실 출입기자단과의 만찬을 겸한 간담회에서 직접 앞치마를 두르고 김치찌개와 계란말이를 배식한 윤석열 대통령에 대해 비판의 목소리를 냈다. 민주당 대변인은 "해병대원 특검법 거부에 대한 국민의 분노가 하늘을 찌르고 있고, 서민들은 하루하루 살기가 힘들다고 민생고를 호소하고 있는데 대통령이 한가롭게 김치찌개를 배식하는 모습을 보니 한탄만 나온다"라고 토로했다.

　그는 또 "이번 만찬 행사가 기자들과의 소통을 보여 주기 위한 연출된 쇼에 불과하다"라고 지적하며 "정작 중요한 현안에 대한 문답도 없었다. 기자들은 "대통령과 얼굴을 익히는 것보다 국민의 물음에 대한 답을 듣고자 했을 것"이라고 비판했다. 그는 이어 "방송통신위원회와 방송심의위원회, 선거방송심의위원회를 앞세워 전방위적으로 언론을 탄압하면서 소통하는 모습을 연출했다"라며 "국민과 언론을 기만하는 쇼 그 이상도 이하도 아니다"라고 강조했다.

　그는 또 "검찰 수사에 아랑곳하지 않고 뻔뻔하게 공개일정을 소화하는 김건희 여사와 특검법 거부에 대한 국민의 분노를 비웃듯 보여 주기 식 소통을 하는 윤석열 대통령의 모습에 국민은 모욕감을 느낀다"라고 주장하면서 "그 분노가 25 일범국민대회를 기점으로 걷잡을 수 없이 폭발할 것"이라며 "윤 대통령 부부는 이 상황을 두렵게 바라봐야 할 것"이라고 경고했다.

앞서 대통령은 취임 3년 차를 맞으면서 소통 강화를 위해 용산 대통령실 잔디마당에서 대통령실 출입 기자들을 초청해 만찬을 가졌다. 이 자리에서 윤 대통령은 약 200명의 기자들에게 직접 고기를 굽고, 약속했던 김치찌개를 나눠 주었다. 이날 행사는 언론과의 격의 없는 소통을 강화하고자 마련된 것으로 참모진들도 '노타이' 차림으로 참석했다.

물론 대통령이 기자들을 위한 '김치찌게' 배식 행사를 가질 수 있다. 그러나 지금이 어떤 시국인가? 윤 대통령은 '순직 해병 진상 규명 방해 및 사건 은폐 등의 진상 규명을 위한 특별검사 임명 등에 관한 법안'(채상병 특검법)에 대해 재의요구권(거부권)을 행사했다. 그 거부권이 28일 21대 마지막 국회본회의에 재상정돼 재의결될지, 부결돼 폐기될지 관심이 쏠리는 때인데 한가하게 기자들과 이런 시간을 보내는 대통령을 바라보는 필자로서는 참으로 허탈하고 안타까울 뿐이다.

어제 25일 오후 3시, 서울역 인근에서 열린 '채상병 특검법 거부 규탄 및 통과 촉구 범국민대회'에는 더불어민주당 이재명 대표와 박찬대 원내대표 등 지도부와 22대 국회 당선인들이 총출동했고 시민들과 해병대연대도 동참, 대정부 규탄을 했다. 조국혁신당 조국 대표와 당선인 전원, 새로운미래와 정의당, 기본소득당, 진보당과 사회민주당 지도부도 장외집회에 참석해 특검법 처리를 촉구했다. 이런 국민들의 분노를 대통령은 모르는 것인가?

윤석열 대통령이 거부권을 행사한 것은 취임 후 6번째, 법안 수로는 10건째다. 거부권 행사로 국회에 돌아온 법안은 재적의원 과반 출석에 출석 의원 2/3 이상이 찬성하면 그 즉시 법률로 확정된다. 부결되면 폐기된다. 21대 국회 현재 의석상 전원 출석 시 여권에서 17표의 이탈표가 나오면 대통령의 거부권은 무력화가 된다. 필자는 국민의힘에서 이탈표가 나와 가결될 가능성이 있다고 본다. 그 이유는 대통령 지지율이 그리 높은 상황도 아니기 때문이다.

  채상병 특검법은 지난해 7월 실종자 수색작전 중 숨진 해병대 채 모 상병의 사건 초동수사와 경찰 이첩과정에 대통령실, 국방부가 부당하게 개입했다는 의혹을 규명하기 위한 특검을 도입하는 내용을 담고 있다. 특검 수사상황에 따라 윤 대통령까지 수사 대상이 확대될 가능성을 배제할 수 없다. 이러한 엄중시기에 사건의 무게를 망각하고 한가하게 김치찌개를 끓이는 대통령, 국민들은 과연 그를 어떻게 보고 있을까?

개(犬)를 안고 웃는 것보다

윤석열 대통령 부부가 중앙아시아 3국 순방 과정에서 투르크메니스탄의 국견을 선물 받았다. 양국의 우호를 증진하기 위한 통상적 선물이라지만, 동물을 물건처럼 선물로 주고받는 모습에 대한 비판의 목소리도 높다. 대통령실은 윤 대통령 부부가 투르크메니스탄 최고지도자 구르반굴리 베르디무하메도프 인민의사회 의장으로부터 '알라바이' 품종 강아지를 선물 받았다고 밝혔다. 알라바이는 투르크메니스탄의 국견으로 유목 생활을 하는 투르크메니스탄인들을 지켜주는 역할을 하고 있다고 한다.

김건희 여사는 알라바이를 선물 받은 뒤 "투르크메니스탄의 보물을 선물 받아 매우 영광"이라며 "양국 협력의 징표로 소중히 키워 나가고 동물 보호 강화를 위해 더 힘쓰겠다"라고 화답했다. 하지만 '국가 정상 간 동물 선물'이 동물을 물건으로 취급하는 구시대적인 발상이라는 지적은 계속해서 나오고 있다. 동물복지문제연구소 '어웨어'의 이형주 대표는 "대통령이라면 감응력이 있는 동물을 선물로 주고받는 게 동물보호, 생명 감수성에 반하는 것임을 알아야 한다"라면서 "정상 간 선물은 사전에 조율하는 게 일반적인데, 사실은 정중하게 거절했어야 한다"라고 말했다.

정상 간 동물 선물에 대한 비판 여론이 없었던 것도 아니다. 과거 문재인 전 대통령도 북한 김정은 국무위원장으로부터 풍산개 '곰이'

와 '송강이'를 선물 받았을 당시에도 비판 여론이 있었다. 당시 녹색당은 "고유한 삶이 있는 존재를 정치적 도구로 이용하는 것은 시대 흐름에 역행하는 구태적 행정 발상"이라고 지적했다. 선물로 받은 동물의 지위가 불문명한 점도 문제다. 이미 문 전 대통령이 선물 받은 풍산개 두 마리는 법적으로 반려동물이 아닌 '대통령 선물'인 관계로 개인이 소유할 수 없다. 이 문제를 해소하기 위해 시행령 개정이 논의됐지만, 개정이 지지부진해 결국 풍산개는 대통령기록관에 반환됐다.

현재 풍산개들은 광주 우치동물원에서 지내는 중이다. 풍산개를 어디에 둘지에 대해 윤 대통령이 이어받아 키우는 방안도 논의됐지만, 김대기 당시 대통령 비서실장은 "지금 (윤 대통령이) 한 10마리 정도 키우는 것 같다"라며 "애완견을 더 들이기는 어려운 상황"이라고 말한 바 있다. 이후 윤 대통령은 은퇴 안내견 '새롬이'를 입양해 현재 반려동물 11마리를 키우고 있다는 소식을 들은 바 있다.

필자의 생각으로는 다른 것도 아니고 개를 선물로 받아 오는 게 과연 제대로 된 외교 행보인지 묻지 않을 수 없다. 또 이번에 선물로 받은 개들이 한국에서 어떤 삶을 보내게 될지는 더 지켜봐야 하겠지만 윤 대통령은 개들을 안고 좋아서 웃는 것보다는 자신을 대통령으로 만들어 준 국민들과 함께 좋은 정책을 실시하여 지지율도 올라가서 '훌륭한 대통령, 존경하는 대통령, 좋은 대통령'으로 호평을 받으며 신나게 웃는 모습을 보여 주는 것이 어떨런지?

그러다 보면 매주 토요일마다 열리는 수많은 군중들의 '윤석열 탄핵' 집회도 열리지 않을 것 아닌가?

이제 문 닫고 사라져야 할 때

내란 수괴 혐의를 받는 윤석열 그가 체포 직후인 지난 1월 15일 오후 장문의 편지를 썼다. "국민 여러분, 새해 좋은 꿈 많이 꾸셨습니까?"로 시작했지만 그 글 속에는 '사과'나, '죄송'이라는 단어는 한 곳도 없었다. 뜬금없이 "자유민주주의를 경시하는 사람들이 권력의 칼자루를 쥐면 어떤 짓을 하는지"라며 야당을 성토하고 계엄을 정당화했다. 필자는 그런 글을 보면서 민주주의를 경시하는 윤석열이 권력의 칼자루를 쥐고 그간 어떤 짓을 했는지 그 자신 스스로 구치소 거울을 보면서 반문해 보라고 말하고 싶다.

12. 3. 내란 사태 이후 12. 12. 당일 윤석열은 '법치'와 '불법'이라는 단어를 반복하며 궤변적 주장만을 반복하면서 "민주당이 불법적 탄핵을 일삼으며 입법 폭주를 거듭했기 때문에 법치주의를 확립하기 위해서 계엄령을 발동했다"라는 대국민 담화를 발표했다. 그 후 그는 계속하여 국회의 대통령 탄핵 가결, 헌법재판소의 탄핵 절차와 공수처·검찰·경찰의 내란죄 수사에 불법이라는 잣대를 스스럼없이 남발했고 체포영장을 발부한 법원을 향해서도 불법이라는 꼬리표를 붙였다. 체포영장이 집행되던 날에도 그는 "불법의 불법의 불법"이라는 해괴한 용어를 쓰면서 수사당국과 법원을 싸잡아 성토했다.

법치란 '법에 의한 정치'를 말한다. 그리고 법은 입법부의 입법 행위와 사법부의 판단에 의해 구현되어야 한다. 그 때문에 불법을 스스로 판단할 권한은 어느 누구도 없으며 권력자가 스스로 법을 재단하고 그 법이 강요되는 국가는 '독재 국가'이지 '법치 국가'가 아니다. 그런데 윤석열은 독재국가를 획책하려 했으며 윤석열의 2년 6개월은 법치가 무너진 절대주의 시기였다. 법 밖에 존재했던 김건희 여사를 둘러싼 의혹들, 권력의 온갖 비리와 불법을 두둔했던 검찰…. 윤석열 정권의 대한민국은 법치 국가가 아니라 법을 악용하여 사적인 이익을 취하는 국가였다. 그런 대통령이 국민에게 총부리를 겨눴다. 그래 놓고도 법치를 말한다. 참으로 경천동지할 일이다.

　공수처는 오직 '소환 불응'을 이유로 현직 대통령 윤석열을 체포했다. 그런데 윤석열은 공수처가 수사권 없음을 이유로 진술에 응하지 않았지만 결국 도주와 증거인멸 우려가 있기에 법원으로부터 구속영장이 발부 되고 기소가 되었다. "내란죄 수사권도 없는 공수처"라는 국힘 주장이 맞다면 법원은 공수처에 대통령 체포영장을 발부하지 않았을 것이고 또 구속영장도 발부하지 않았을 것이다. 불소추 특권을 가진 대통령에게 체포영장을 청구하고 발부한 것은 확실한 내란 혐의로 국가와 국민의 생명을 위협할 수 있는 엄중함이 있었기 때문이다.
　공정과 상식을 내세우고 법치를 말하던 윤석열이 군부독재 시절과 같은 절대 권력을 잡기 위해 스스로 용산의 괴물이 된 것이다. 윤석열이 이렇게 된 것은 온갖 불공정과 비상식, 불법을 두둔하고 눈감아 왔던 국민의힘과 그 당에 속한 의원들에게 있다. 오죽하면 정옥임 전 의원도 "대통령 앞에서 아부하고 중진으로서 말할 위치에 있는데도 말 한마디 못 한 그 사람들도 공동책임이 있다"라고 말했다. 지금 국민들은 '국민의힘'을 '내란의힘'으로 비아냥 조롱하고 있는데 실제로 국힘은 '내란의힘'이 거짓이 아님을 보여 주는 행보를 12. 3. 내란 사태 이후 계속 보여 주고 있다.

 윤석열이 체포되고 구속영장 실질심사에 직접 나서 구속의 부당성을 주장했지만 그가 한남동 관저로 다시 돌아갈 것이라고 예상하는 국민은 거의 없었다. 사건의 엄중함이나 법치주의 관점에서 보면 구속은 예정된 수순이었다. 그런데 예기치 못한 사건이 발생했다. 구속영장이 발부되자 윤석열을 지지하는 극우 세력들이 서부지법에 침입, 무차별 공격을 감행했다. 그리고 영장을 발부한 女 판사를 죽이겠다고 법원 내부를 파헤친 소식은 윤석열의 구속보다 더 큰 충격이었다. 국회 유리창을 부수고 난입한 계엄군과 법원 유리창을 부수고 난입한 극우 지지자들 앞에서 민주주의와 법치주의는 처참하게 유린당했다.
 사태가 이 지경이 됐는데도 "경찰의 과잉 대응"이 문제였다는 취지로 시위대를 옹호한 국힘의 권성동의 발언에는 할 말이 없다. 이런 자가 원내대표라니…. 또 김재원 전 의원도 자신의 페이스북에 "거병한 십자군 전사들에게 경의를 표한다"라고 말했다. 모두가 정신 이상자들이다. 12.4. 계엄해제 국회 의결부터 1. 19. 법원 폭동 사태까지 법치주의를 무시하고 반법치주의로 국가와 국민에 맞서 왔던 국민의힘이다. 이들은 입법부와 정당의 소임, 무엇 하나 제대로 한 것이 없다. 오직 윤석열과 극우 지지자들 사이에서 내란 옹호의 매개체 역할만 충실했을 뿐이다.

　윤석열은 1. 15. 체포에 앞서 관저를 찾은 국민의힘 의원들에게 정권 재창출을 부탁했다. 하지만 국민들은 절대로 내란을 획책한 무리의 대통령 재탄생을 바라지 않을 것이다. 김영삼 문민정부 이후 세 번을 집권한 보수 정권, 박근혜 와 윤석열은 탄핵당했고 이명박도 온갖 비리로 징역을 살았다. 보수 후보로 당선된 대통령 3명 모두가 임기를 채우지 못하거나 구속되는 불명예를 당했는데 또 이 혼란의 와중에 정권 재창출을 이야기한 윤석열, 그는 정말로 후안무치한 정권욕에 사로잡혀 있는 者로 이런 者가 대한민국의 대통령이었다는 사실에 한심하고 그저 부끄러울 뿐이다.

　국민의힘은 연일 계속하여 야당의 잠재적 대선 후보인 이재명 더불어민주당 대표를 가리켜 "이재명이 대통령이 되면 한국은 공산주의가 된다", "이재명이 대통령이 되면 끔찍한 미래만이 온다"라는 등 허무맹랑한 말들을 늘어놓고 있다. 이쯤에서 필자가 한마디 하고 싶다. "국민들이 진짜로 끔찍하게 생각하는 일은 윤석열 정권의 재탄생이다. 공정과 상식, 법치를 내걸고 불공정과 비상식, 불법을 자행해 온 정권, 내란을 획책하고 영구 집권의 발상을 가졌던 정권, 이런 정권의 재탄생은 악몽"이라고……. YS 문민정부 이후 세 번이나 불량 대통령을 내세운 국민의힘, 이제는 문을 닫고 사라져야 한다. 내란 수괴범을 낳은 정당이 무슨 낯으로 정권 재창출을 이야기하는

가? 거리의 극우 폭동 세력들을 부추겨 윤석열을 지키려 발버둥 치는 정당인 국민의힘, 차라리 해산하는 게 낫다.

류재복
한국프레스센터한국어문기자협회 사무국장, 중국길림신문 서울지국장(외신기자), 외교부-통일부-청와대 출입기자, 중국인민일보해외판(한국판) 편집인/특별취재국장, 종합일간지 『일간투데이』 중국전문 大記者, 『서울뉴스통신』 중국전문 大記者, 『아시아타임즈』 大記者, 『코리아데일리』 大記者 (국회출입기자), (현) 사단법인 남북이산가족협회 회장, (현) 정경시사 Focus 발행인 大記者, 유튜브 '정경시사포커스TV' 대표.

시에세이

아기 사슴 라니 외 1편/나병춘

군말

님만 님이 아니라 기룬 것은 다 님이다. 중생이 석가의 님이라면 철학은 칸트의 님이다. 장미화의 님이 봄비라면 마시니의 님은 이태리다. 님은 내가 사랑할 뿐 아니라 나를 사랑하나니라

연애가 자유라면 님도 자유일 것이다. 그러나 너희는 이름 좋은 자유에 알뜰한 구속을 받지 않더냐. 너에게도 님이 있더냐. 있다면 님이 아니라 너의 그림자니라.

나는 해저문 벌판에서 돌아가는 길을 잃고 헤매는 어린 양이 기루어서 이 詩를 쓴다

— 한용운, 『님의 침묵』, 「군말」 전문

1.
우연히 길 잃은 어린 양을 만난 적이 있다. 우리 동네 한강봉 다녀오다 약수터 인근에서 만난 어린 고라니, '기룬 님'을 생각해 보노라니, 금세 초롱초롱 빛나던 눈동자 그 어린 라니가 생각난다. '기룬 님'은 어떤 님인가. 그리운 님인가. 그리는 님인가. 혹은 마음에 두고두고 남는 님인가. 알쏭달쏭하다.

우리말 '그리움'은 '길다', '그리다', '그리워하다'에서 온 것이리라. 길다. '그리움에의 길, 만남에의 길'이 멀고도 멀어 '기룬 님'이 되었을 것이다. '길'이란 너와 나의 만남과 사랑의 공간이며 이별의 '그곳'이기도 하다. '길다'에는 우물물을 '긷다'도 있다. 목 타는 갈증이 하도나 길고 깊어서 우물 속에 물통을 깊이 드리워 샘물을 길어 내는 것이리라.

예전 전통적인 우리네 살림살이에서는 주로 마을 공동 샘을 만들어 한우리 삶을 영위해 왔다. 공동 우물을 먹던 시절이 말 그대로 공동체 삶일 것이다. 같은 샘물로 빨래하고 식수로 사용하며 목욕하고 또한 똑같은 샘물로 밥을 지어 의식주 생활을 유지하던 순박한 사람들의 공동체, 아직도 오래된 미래처럼 생생하게 떠오른다, 언제부터 우리 사회가 따로따로 삶이 되었을까. 아마도 공동 샘을 쓰지 않고 각자의 살림집에 따로따로 우물을 파면서부터 시작되었을지도 모를 일이다. 산업화 이전과 이후의 삶의 양태는 상전벽해처럼 상상 이상으로 돌변하였을 것이며, 특히나 정보화 첨단화된 디지털사회가 되면서부터 우리 의식 속에서는 전통적인 '우물물'이란 말은 거의 사라지고 말았다. 아주 궁벽한 산골 어느 마을에 가면 혹 만날 수 있으려나?

나에게는 '기룬 님' 하면 언젠가 우연히 만났던 핏덩이 라니와의 인연, 잊을 수 없는 추억이다. '아기 사슴 라니'라는 별명은 내 가슴속에 뭉클한 잔상으로 남아 틈틈이 애틋한 추억으로 다가오는 이름이다. 아내가 애완견이나 애완동물을 싫어하는 관계로 내가 거의 엄마 노릇을 감당했으니 그 고충은 짐작하고도 남으리라. 하지만 그

독특한 나의 체험이 육아일기처럼 담겨 있었으니 숨겨둔 그 보따리를 이제부터 풀어 보고자 한다.

2.

쬐끄 많고 이쁜 라니가 데리고 온 것은 작고 까맣고 반작거리는 코와, 갸름하고 사방으로 관심을 보이는 서러운 귀와, 푸른 하늘빛 말간 눈에 비친 알지 못할 슬픔과 그리움과 작은 울음소리와 갈색으로 빛나는 보드라운 비단결 같은 털과, 그 무엇보다도 균형 잡히고 유연한 긴 다리와 까만 발톱이 양 갈래로 갈라진 그 아득한 틈과, 짧고 뭉툭한 꼬리와 그 작은 꼬리로 숨긴 그 깊디깊은 항문과, 그 문으로부터 길고 가느다랗게 이어진 밥통과 긴 모가지로 이어진 식도와, 꼴딱꼴딱 넘어가던 젖물이 들어가는 목구멍과, 연분홍빛 기나긴 혓바닥과 아직 여리디여린 날카로운 이빨과 얇다 못해 가련한 입술과 작은 콧구멍과 갸름한 턱선으로 흐르는 유연한 바람 소리와, 엄마 고라니와 마지막까지 안간힘으로 버티던 연분홍빛 탯줄과, 그 탯줄 끄트머리로 흐르던 비릿한 핏방울과 엄마의 날카로운 이빨 자국을 숨긴 흙투성이 탯줄의 젖어 있는 슬픔과, 그 비릿한 숲에서 누리던 마지막 순간과, 어디선가 들려오던 사나운 멧돼지 발자국 소리와, 휭하니 차갑게 이마를 쓸고 가던 후덥지근한 유월 바람과, 칡넝쿨 사이로 언뜻 보이던 아홉 번째 구름 햇살과, 아우성도 지르지 못하고 낭떠러지로 굴리던 엄마의 마지막 발길과, 낙엽들의 바스락바스락 소리와 엄마의 후닥닥 도망치던 순간의 급한 심장 소리와, 멧돼지들의 몰려가는 소리와, 길가에 나뒹굴어 널브러진 그 아득함과

막막함만을 데리고 온 것이 아니다. 라니는 숲의 적막과 고요를 짧고 부드러운 갈색 털 속에 꽃사슴 문양을 자신의 상징으로 몰고 왔다. 자신은 뼈대 있는 사슴족으로서의 자존심과 넉넉함과 자랑스러운 가풍의 엄숙함과 느긋함들을, 발톱이나 반짝거리는 콧날과 짧은 꼬랑지 속에 모시고 왔다. 푸른 유월 바람과 아슬아슬한 허공의 햇살과 뭉게구름을 선물로 듬뿍 모시고 왔다. 온 우주의 숲이 라니 어린 핏덩이와 더불어 나에게 통째로 왔다. 이 어쩔 수 없이 비극적인 설렘을 어디에 비기랴?

작고 이쁜 라니야. 이제 너에게는 전혀 새로운 삶이 기다리고 있으리라. 초록 우거진 숲과는 영판 다른 아파트 숲속에서 새로운 이웃들을 만나게 되리라. 어제 놀이터에서 만난 아주머니와 입치닫이 시츄와 그 앙큼한 발톱과 으르렁거리는 소리와 어르고 달래는 발바닥의 감촉들을 종종 만나게 될 것이다. 놀이터로 놀러오는 개구쟁이들 웃음소리와 그네 타는 소리 자전거 굴리는 소리들 사이사이, 떠드는 소리들이 너를 심심하지 않게 하리라. 오늘은 늦었으니 이만 일기를 마친다. 라니야 내일 새벽에 반갑게 만나자. 안녕.

3.

라니야, 잘 지내고 있겠지? 오늘 새벽 장닭 홰치는 소리에 설핏 잠을 깨서 이 글을 쓴다. 지금 그곳도 우렁차게 수탉이 꼬끼오 꼬끼오 꼬기요! 너의 깊은 잠을 흔들고 있으리라. 새벽에 잠 깨어 울던 가냘픈 울음소리가 지금도 아련히 들려오는 것 같다.

"배고파요. 목말라요." 솔직하게 표현하는 너의 음성과 몸말이 벌써 그립구나.

　젖을 데우고 젖꼭지를 물리던 그 시간이 이 아빠는 무엇보다 텅 비어 충만한 순간이었지. 눈을 떴다 감았다 살포시 뜨고 따듯한 젖을 탐미하는 그 모습, 꼴딱꼴딱 목당그레질로 젖을 빠는 소리, 가냘픈 연분홍 혓바닥이 여리고 강하게 알레그로 모데라토 혹은 비바체 칸타빌레로 입술 밖으로 허밍처럼 춤추곤 하였지. 너는 몰랐겠지만 이 아빠는 그 순간에 몰입하면서, 더욱 건강히 자라서 숲속의 엄마 곁으로 갈 날을 위해 기도하곤 하였지. 짧은 만남이었지만 순간순간 행복하였고 충만하였고 작은 별처럼 반짝거리는 머루눈과 마주치는 그 순간들은 가장 나의 영혼을 맑히는 손 타지 않은 옹달샘 물맛 같았지. 쫑긋쫑긋 솟은 두 귀는 나의 안테나가 되어 까맣게 망각해 버렸던 원시의 숲의 소리에도 귀를 기울이는 버릇이 생겼단다. 어느 때는 천상의 새소리 바람 소리가 쏴아— 들려와 깜짝 놀라기도 하였고 잔잔한 떡갈나무 숲 매미들의 교향악에 맞추어 숲속의 여러 동무들이 함께 춤추는 듯한 착각에 빠지기도 하였지. 벌써 감악농장에서 3일째가 되었고 내게 온 지도 4주일이 되었구나. 오늘도 맛나게 젖을 먹고 아롱이랑 병순이(병아리 친구)랑도 어울려 잘 놀아라. 라니야 만날 때까지 오늘도 안녕.

4.

라니가 동물보호센터에서 무사히 귀환하였다. 그리고 지인의 후배가 하는 농장으로 거처를 옮겼다. 넓은 정원과 텃밭 무엇보다도 농장에 있는 토종닭들이 라니를 반긴다. 특히 냥이 아롱이는 애교가 만점이라 그런지 라니를 편안하게 오빠처럼 대하며 어르기도 하고 뽀뽀도 나누고 벌써 다감한 친구가 되었다. 라니 새 아빠도 푸근한 인상이며 시골에 사는 분 특유의 넉넉하고 자상함이 물씬 풍긴다. 예전에 이미 고라니 새끼 두엇을 구하여 잘 기른 후 숲으로 되돌렸다 하니 무엇보다 안심이 된다. 라니도 이곳이 맘에 드는지 젖도 잘 먹고 아롱이랑도 잘 논다. 천만다행이다. 그동안 이삼일 동안 얼마나 조바심치며 새 보금자리를 물색했던가. 라니랑 마지막 밤을 함께 보내면서 뒤꼍에서 들려오는 소쩍새, 뻐꾸기, 장끼들의 소리, 딱따구리 소리, 장닭 홰치는 소리 등등 숲속의 소리에 내 귀가 환히 열렸다. 비가 오신다는 예보가 있었는데 가랑비 오락가락하더니 하늘이 맑게 갠다. 라니 새 아빠가 선물로 오골계 계란을 듬뿍 안겨 준다. 라니야 부디 건강하거라. 모두 모두 고마운 새날 새 아침이 밝았다.

떠나야 할 때를 아는 이가
아름답다고 했던가

퍼렇고 누런 이파리
이고 지고 둘러메고

물음표 줄레줄레 남긴 채
대체 어디로 간 게냐

찢어진 걸망 하나
허물처럼 걸어 두고

- 「아기사슴 라니 1」 전문

5.
  라니는 이제 나의 영혼의 동반자가 되었나 보다. 가끔 꿈속에서도 가만히 울다 가고 나의 뜰에서 놀이터에서 숨바꼭질하고, 그네도 미끄럼틀 시소도 함께 타고 욱진미술관에도 동행하여, 작은 엽서에 그림도 그리고 분수대에서 항꾸네 낄낄거리다. 물방울 폭포 속으로 뛰어 들어가고, 옥수수나 살구 버찌도 함께 먹고 배고프면 상추쌈으로 배불리 먹고, 먹고 놀고 뛰어다니다 숨바꼭질도 하고….
  그렇다. 라니도 나도 상추쌈도 모두 물방울이다. 그 물방울들은 어디서 오셨나. 먼 하늘 허공 구름에서 소낙비에서 시냇물에서 먼지에게서 잎사귀 초록빛에서 왔나? 강가의 개망초나 코스모스 저 환한 빛에게서 아니면 쇠백로 나래 타고 왔을라나. 어디선가 지금도 반작거리며 머루눈으로 영민한 귀로, 형형하게 반작거리는 말랑말랑 루돌프 사슴 코로 나의 호기심을 몰고 데리고 다닌다. 연꽃도 시나브로 피어나는 계절, 생태학습장 버들가지에도 부들 잎사귀에서도 수련 잎새에도, 오늘밤 별빛으로 반짝거리며 청개구리 더불어 텀벙거리리라. 어둑한 달무리에 실려 오는 가느다란 물방울들 풀잎들 풀벌레들 사운거리는 소리, 이슬방울 토도독 떨어지는 사이 바람 사이로 스치는 저 빛들의 파동과 입자들,

고맙다. 라니야 조요로운 빛으로 은은한 색깔로 상큼한 향기로 달려와 나에게 가만히 키스하는 빛나는 머루눈과 반작거리는 코와, 기다란 네 앞다리 뒷다리와 짧은 꼬랑지와 네 등허리 사슴의 꽃문양 메아리의 힘을 믿는다. 그럼 그렇고말고! 꽃처럼, 늘 향기롭고 건강히 잘 지내렴.

라니야 오늘 시낭송회에 다녀왔다. 네가 좋아할 만한 시회 모임인데 꼭 나와 널 닮은 사람들이 모이는 곳이지. 너의 천진스런 장난기를 간직한 낭만적인 사람들, 세상과 짝하며 살다가도 외로운 영혼을 만나러 가끔 모이는 거지. 그곳에서는 뭘 하느냐고? 노래도 하고 시도 읽고 서로 손을 맞잡고 춤도 추고 술 마시며 웃고 떠들곤 하지. 오늘은 참 묘한 일도 있었지. 바로 너에 관한 관심도가 도가 넘는다는 사실이야. 너는 숲에서 살아야 제격인데, 아파트 공간인 시인네 집에서 어떻게 지낼 수 있냐는 거야. 나에게 질문을 던지더군. 그래서 널 만나게 된 경위, 즉 약수터에서 만난 이야기, 탯줄 달고서 길바닥에 버려졌던 첫 만남을 비교적 소상히 밝혔지. 다들 눈이 똥그래지며 너에 대한 궁금증이 증폭되었지. 괜히 쓸데없이 떠들었나 봐.

지금 약간은 후회하고 있어. 좋은 추억은 혼자서 간직하고 혼자 일기에 남겨 두고 두고두고 꺼내서 몰래 보면서 낄낄거려야 한다는 걸 뻔히 알면서도, 그걸 어겼다는 사실이지. 안 그래. 하지만 세상사는 가끔 예외도 있어야 재미진 거 아냐? 라니야 지금 뭐 하니? 쿨쿨 잠자고 있겠지? 오늘도 맘마는 잘 먹었겠지. 저번에 상춧잎이나 방가지똥 초록 잎을 뜯어 먹는 모습을 보고서 난 놀랬지. 암튼 라니야 밤 깊었으니 난 자러 갈래. 너도 잘 자거라. 그럼 이만 안녕.

6.
호사다마라 했던가. 파주 감악산 농장에서 라니랑 아롱이랑 놀다 보니 다른 불청객까지 나에게 더불어 오셨다. 허벅지 아랫부분이 가렵길래 자꾸 긁다 보니 뭔가가 손가락에 까끌까끌하다. 가만히 살펴보니 아뿔싸, 진드기가 내 몸에? 옳지 요 녀석, 바늘 끝을 불에 지지고 포비돈으로 소독 후 조심스레 살갗을 후볐다. 통째로 잡혀 나오는 소위 '살인진드기'? 아마도 아롱이랑 껴안고 놀다가 이런 사달이 벌어진 듯. 병원에 가 보라는 지인들의 권유도 있었지만 집에서 조용히 소독하고 쉬었다. 이제 가뿐하다. 이 세상에는 불시착한 말들이 너무 많다. 시장 골목을 가 보라. 저 여의도에도 가 보라. 아웅다웅 접시 깨지는 소리들로 이곳저곳 참 요란스럽다. 세상이 좀 조용해지면 라니도 아롱이도 좋아할 터인데. 우리 집에 불시착한 진드기 덕분에 난생처음 응급실도 가 보고 암튼 새로운 경험에 정신이 온통 몽롱한 요즘, 틈틈이 詩 나부랭이로 삐져나오는 라니 일기.

어찌 보면 라니는 나의 전생인지도 모른다. 아니면 후생이던가. 저

작은 진드기도 아롱이도 병순이도 모두 다 나의 '기룬 님'인지도 모를 일이다. 만해 선사께서는 '심우장' 당호를 손수 지으시고 북향집 그곳에 기거하였다. 그의 '기룬 님'이 누굴까 곰곰이 생각해 보니, 아마도 그 모든 중생들이 그의 님이 아니겠는가. 내가 '아기 사슴 라니'에게 이렇게 애면글면 그 사랑과 이별을 못 잊어 하듯.

"아아 님은 갔지마는 나는 님을 보내지 아니하였습니다." 그의 시에 등장하는 '역설'이야말로 그가 심중에 몰래 숨겨 둔 '기룬 님'에 대한 사랑의 고백이 아닐까. 우리네 삶에도 그 무슨 사업에도 기-승-전-결처럼 우연을 가장한 필연처럼 갈등과 역설이 내재되어 있으리라. 고-집-멸-도, 선(禪)의 도량에서도 백팔번뇌에 들끓는 속세의 삶에서도 느닷없는 전복이나 역설적 갈등 상황이 일정 부분 끼어드는 것이 자연스러운 흐름인지도 모른다. 마치 사계절로 이어지는 일련의 사태에서 겨울 동안의 혹독한 시련이야말로 전혀 낯선 새로운 봄을 잉태하듯. 집착이나 아집을 버려야 비로소 道에 이르는 길이 시나브로 열리지 않을까. 아무튼 나의 평범한 삶의 여정에서도 우연히 '아기사슴 라니'를 통하여 느닷없이 심우도의 '소 한 마리'가 등장하여 난생처음 아빠 노릇을 감당하면서 어떤 작은 깨달음을 얻지 않았나 어림해 본다.

저 소는 어디서 와서
어디로 가시는가
나의 전생인가
너의 후생인가

- 졸시 「아기 사슴 라니 2」, 전문

그런데, 「군말」이라는 시가 시집 『님의 침묵』 맨 앞자리에 등장한 까닭이 무엇일까. 군말은 말 그대로 군더더기나 사족이라고 치부할 수도 있으니, 쓸데없는 시편을 가장 앞자리에 실어 놓은 만해 선사의 의도가 무엇인가. 이 시편은 쓸모없는 말이나 진배없으니 그냥 스치고 지나가도 좋다는 의미일까, 아니다. 군말의 기승전결을 가만히 살펴볼 때 『님의 침묵』 88편의 핵심 시편이라 하여도 과언이 아닐 것이다. 이것은 어쩌면 '쓸모없음'의 '쓸모 있음'을 내포하는 노장의 변증법적 역설이 알게 모르게 무대 배경에 깔려 있다고도 볼 수 있으리라. 『님의 침묵』은 어찌 보면 낭만파의 연애 시집일 뿐만 아니라 부처님의 가르침을 시집 한 권으로 축약한 어떤 심오한 반야의 심경心經이라 하여도 무방하리라. 즉 색즉시공(色卽是空) 공즉시색(空卽是色)이라는 가르침을 넌지시 미학적으로 승화한 그야말로 '알 수 없어요'란 한탄이 새어나올 수밖에는 어쩔 수 없는?

7.

어떤 돌은 고라니 눈동자 닮은 느낌표로
어떤 돌은 백로처럼 고갤 쑥 내밀고
물음표로 앉아 있다

또 어떤 돌은 가랑잎 같은 쉼표로
또 다른 돌은 마침표로
이끼 둘러쓰고 있다

(중략)

또 어떤 바위는 슈베르트의 겨울 나그네 얼굴을
또 다른 놈은 비발디 사계처럼 경쾌한 손가락 건반이다
아니 고 옆은 반 고흐의 붓
파도처럼 박진감 넘쳐 춤추는 불꽃

- 졸시 「이 뭐꼬!」 부분

'너 하나 나 하나'는 한 방울의 물방울이었던가. 아니면 하나의 돌멩이였던가. 돌멩이처럼 버려진 쬐끄마한 돌멩이를 주워 와 애지중지 두어 달 함께 지냈다. 그것이 우연이었는지 필연이었는지 아직은 잘 모르겠다. 하지만 첫 만남에서부터 이별의 순간까지 예사로운 일이 아니었음에 틀림없다. 첫 번째 주운 돌과 더불어 어울렁 더울렁 바닷가까지 와서 다시금 깊은 추억에 잠기는 일, 이것은 한 권의 시집, 『님의 침묵』을 함께 동행한 것과 진배없다. 길 잃어버린 어린 양과 더불어, 서로 눈빛을 주고받았으니 이승과 저승에서 그 얼마나 인연을 쌓았을까. 첫 번째 주운 돌 하나가 꽃송이가 되고 새 한 마리 되고 나비 한 마리 되어 나의 심장 속에서 뛰어놀았다. '기룬 님'이 과연 누구일까. 부처님의 님이 중생이듯, 나의 님은 아기 사슴 라니가 되고 나의 아내나 자식이 되고, 이웃사촌이 되고 겨레가 되고 조국이 되었다. 마시니의 님이 이태리이듯 나의 님은 나의 조국임에 틀림없으리라. 라니야. 이러코롬 너에게 편지를 쓴다. 오늘은 어느 바닷가 숲속에서 뛰놀고 있을까. 너의 숨소리가 하늬바람 속 귀뚜리 소리로 혹은 부엉이 소리 되어 시방도 나의 귀청을 울리고 간다.

시에세이

나무의 꿈 - 윤효

사철 바람을 연주하는 나무는 언제부터인가 인간들에게도 천체의 숨결을 생생히 들려주고 싶었다.
그 후 목관악기가 하나둘 만들어지기 시작했다.

바람은 무엇인가. 바람은 기상현상이기도 하고 우리가 평소 쉬는 공기를 뜻하기도 한다. 아울러 바람은 '바라다', '소망하다'의 뜻도 가지고 있다. 이른 봄에 피는 '바람꽃'이 있다. 바람꽃 종류는 바람 종류만큼이나 다양하다. 변산바람꽃의 모양은 또 얼마나 애잔한 얼굴을 띠고 있던가. 바람꽃이 피어나기 시작하면 봄이 온다는 예고편이라고 해도 좋으리라. 바람꽃 필 무렵 봄바람은 또 무엇이라 일컫는가. '남실바람'이라고도 하고 '명지바람'이라고도 한다. 명주실처럼 가느다랗게 부는 보드라운 실바람이 명지바람이며, 남실바람은 남실남실 따스한 햇살을 불러오는 진달래 꽃동산이 떠오르지 않던가. 진달래 필 무렵 산길에 들어서면 핑크빛 진달래 꽃봉이 필락 말락 하는데, 그 꽃대를 간질이는 실바람이 다가오면 바람 쐬기도 전에 꽃봉오리는 살래살래 도리질 치면서 방문객에게 윙크를 보내기도 하리라. 그 연연한 핑크빛에 얼굴을 디밀고 아련한 꽃향기를 맡고 있으면, 어느덧 지루한 겨울 찬바람이 동산에서 사라지고 듬성듬성 잔설의 자취도 주춤거리면서 숨어 버리는 조요로운 봄날이 다가

오고 있음에 틀림이 없으리라.

바람이 불어오면, 비가 오고 구름이 구르고 새가 울고, 너와 나의 인연도 실타래처럼 이어지게 된다. 우리가 살아가는 지구촌에 바람이 없다면 어떤 일이 벌어질까. 나무들도 바람 공기 없이는 광합성도 할 수 없고 구름과 비가 올 수 있는 환경이 이루어질 수 없으니 삭막한 사막으로 변하고 말겠지.

윤효 시집 앞머리에 등장하는 「나무의 꿈」을 잠시 살펴보자. 아마도 윤효는 『시월(詩月)』이라는 시집의 화두로서 「나무의 꿈」을 등장시키지 않았나 여겨진다. "사철 바람을 연주하는 나무는 언제부터인가" 길지 않은 시편의 서두에 사철 바람을 연주하는 나무가 등장한다. 봄이면 봄대로 장마가 지는 여름이면 여름대로, 낙엽 지는 가을에는 예의 스산한 바람을 변주하는 나무, 그 다양한 나무의 성질을 윤효는 어릴 적부터 유심히 경험해 오면서 궁금해하던 차, 출근길이나 혹은 좋아하는 동네 약수터로 산책하다가 보게 된 풍경을 연상하면서 문득 스치는 영감을 바탕으로 한 편의 시를 쓴 것이 아닌가 지레짐작해 본다.

어디선가 바람 소리 들려오고 시냇물 소리도 새소리에 섞여서 들려오자 가만히 귀 기울여 보니 대체, 나무들은 끊임없이 사시사철 바람을 연주하고 있는 것이 아닌가. 바람이 세차면 세찬 대로 바람이 느긋하면 또 느긋한 대로, 또 소낙비 몰아오는 험상궂은 마파람 불어오면 또 그런대로 아무런 불평불만도 없이 춤사위 펼치는 나무들이 아마도 신기하게 느껴졌던 모양이다.

한참 오르다 보니 저기 묘한 참나무가 보인다. "떡메에 짓무른 상처에서 하얀 진물이 흘러나오자"(『시월』, 「참나무 1」 부분) 그곳에서 풍뎅이며 왕탱이, 사슴벌레들이 득시글거리며 맛나게 잔치를 벌이는 광경을 목도하게 된다. 누가 떡메를 휘둘러 참나무에 생채기를 낸 것인가. 우리가 살아가는 세상에 상처 없는 존재가 어디 있으랴.

가슴에 굵은 못을 박고 사는 사람들이
생애가 저물어 가도록
그 못을 차마 뽑아버리지 못하는 것은
자기 생의 가장 뜨거운 부분을
거기 걸어놓았기 때문이다.
못 – 윤효

살아가다 보면 가슴에 못 박히는 일이 비일비재이다. 그것도 가장 가까운 가족이나 친구에게서 혹 배신을 당했을 때, 씻지 못할 가슴의 상흔으로 남게 되는 것이 인지상정이다. 누군가 상처는 꽃이 되고 별이 된다고 했던가? 나의 오른손 새끼손가락에도 별 모양의 상처가 박혀 있다. 초등학교 4학년 무렵이던가. 연쟁이 논(연꽃이 아름답게 피는 호숫가 논이라서 이런 이름을 갖게 됨)으로 어느 추석 무렵 벼를 베러 간 적이 있다. 세 살 터울인 형과 더불어 벼를 베다가, 왼손잡이로 조금 서투른 탓에 낫이 갑자기 내 새끼손가락을 사정없이 스치고 지나갔다. 그때는 손가락이 어디 도망간 줄 알고 울음을 터트리며 주저앉았다. 갑작스런 사태에 당황해하던 형이, 곧바로 자신의 팬티를 찢어 내고 고무줄을 풀어 쑥과 더불어 상처를 촘

촘히 감싸 맸다. 아직도 훈장처럼 새끼손가락 둘째 마디에는 선명하게 별모양 상처가 빛나고 있다. 못생긴 나의 새끼손가락을 바라볼 때마다 고마운 형과 비릿한 쑥 향기가 스치고 지나간다.

 나무들 또한 상처의 기억을 갖고 있으리라. 바람의 기억 구름의 기억 햇살의 기억, 가뭄의 기억 태풍의 기억 참혹한 설한풍의 기억. 심지어 벼락의 기억도 갖고 있음이 분명해 보인다. 습설의 무게로 온 삭신이 만신창이 된 부러진 가지의 기억도 갖고 있다. 나무 나이테를 가만히 들여다보면 자신에게 일어난 모든 사태를 꼼꼼히 기록하고 있음을 알 수 있다. 온 삭신이 활활 녹아내리던 산불의 기억도 그 끔찍한 불에 덴 상처들도 오롯이 간직하고 있다. 그리고 새들의 노랫소리 매미 울음소리, 둥지를 드나들던 딱따구리 울음소리 날개 소리, 이끼를 물어 나르던 엄마 새의 깔끔한 꼬랑지 소리도 간직하고 있으리라.

 나무는 이러한 기억을 바탕으로 식탁이 되고 의자가 되고 침대가 되고 지붕이 되고 서까래가 되고 기둥이 되고 마침내 멋진 집 한 채가 되었으리라. 나무는 기록의 명수, 자신을 기록하는 것이 자신을 지키는 최고의 방법이란 걸 어찌 알았을까. 특히 단풍나무는 재질이 단단하고 부드러워, 주로 건축재나 가구재가 되기도 한다. 배구장 농구장 탁구장 등 마룻바닥은 탄성이 매우 중요하기에 주로 단풍나무를 쓴다. 바닥에 탄성이 없다면 배구나 농구하는 선수들의 관절이 과연 온전할까. 단풍나무는 그 잎사귀의 아름다움으로 가을철 소풍객들의 방문을 유혹한다. 가을 햇살에 반짝이는 가을 단풍나무 숲은 상상만으로도 가슴을 벅차게 한다. 오대산 전나무 숲도 좋지만 상원

사 인근으로 오르는 선재길 단풍은 그 누가 보아도 멋진 길이다. 주변을 흐르는 맑은 시냇물 소리, 새소리, 바람 소리의 시원한 청량감이라니….

사철 바람을 연주하는 나무, 그렇다. 나무는 가만히 서있는 존재이기도 하지만, 자신의 바람을 끊임없이 지칠 줄 모르고 사시사철 연주한다. 그 곡조에 따라 천천히 부드럽게 혹은 강하고 용감하게 혹은 실바람 따라 자장가를 읊듯이 사뿐사뿐 춤춘다. 나무는 어쩌면 천상의 소리와 춤을 우리 눈앞에 현시하는지도 모른다. 나무의 꿈과 바람은 무엇일까. 어쩌면 그것은 천상의 악기가 되어 자신을 만나는 이로 하여금, 천상의 열락을 몸소 체득하도록 스스로 무희나 성악가가 되어 저러코롬 아름답게 추썩거리는 것이리라. 시인의 말대로 목관악기 혹은 현악기나 피아노가 되어 천상의 숨결을 들려주는 것임에 틀림없다. 실제로 바이올린이나 비올라, 첼로 등의 공명통에는 단풍나무와 가문비나무 등이 쓰인다. 피아노나 기타도 역시 단풍나무가 많이 주재료로 쓰인다고 한다. 나무의 부드럽고 단단한 재질이 악기재의 울림통으로 매우 유리하다는 것이다.

요번 시월 단풍철에는 단풍 향기 그윽이 어우러진 오대산 선재길이나 내장산 단풍 숲길 혹은 고즈넉한 국립수목원 전나무 숲길도 좋으리라. 아니면 자작나무 잎사귀 사운거리는 용대리 자작 숲길은 또 어떤가.

시월 - 윤효

하늘도
땅도
헐거워지는

나무도
풀도
자꾸 헐거워지는

그 틈으로
언뜻언뜻 스치는
얼굴,

詩月
- 「시월」 전문, 윤효

자꾸만 헐거워지는 틈으로 푸른 하늘이 언뜻언뜻 스치고 지나가면 숲길을 거니는 자신을 되돌아보면서 지난날의 좋은 추억거리나 마음의 편린들을 되짚어 보게 된다. 과연 나는 나의 길을 잘 살아가고 있는가, 점검해 보는 어느 시월 비바람 부는 날, 어디선가 들려오는 딱따구리 소리와 더불어 목관악기 소리 은은히 들려오리라.

나병춘
- 1994년 『시와시학』으로 작품 활동 시작
- 시집: 『어린왕자의 기억들』, 『쉿!』, 『섬달천 고양이』 등 / 시선집: 『자작나무 피아노』
- 『월간 우리詩』 편집주간 역임
- 이메일: namoowa@naver.com

특집 2.
다문화 사회의 문학

편집자 주

2000년대 이후 한국 사회는 이주노동자, 결혼이주여성, 탈북자 등 다양한 배경의 이주민 유입이 본격화되며 다문화 사회로 빠르게 변화해 왔다.

다문화 가정과 이주민의 삶, 정체성, 갈등, 포용 등의 주제가 소설, 시 등 다양한 장르에서 다뤄지고 있다. 예를 들어, 김려령의 『완득이』, 박범신의 『나마스테』, 천운영의 『잘 가라, 서커스』, 정도상의 『찔레꽃』 등은 이주민, 결혼이주여성, 탈북자 등 다양한 타자의 삶을 문학적으로 형상화한다.

최근에는 외국인이나 이주민 시점에서 서사를 전개하거나, 한국인과 이주민의 관계를 입체적으로 조명하는 작품이 늘고 있다.

문학은 단순히 이질적인 문화를 소개하거나 고통을 형상화하는데 그치지 않고, 차이와 다양성을 인정하면서도 공동의 소속감을 느낄 수 있도록 이끄는 역할을 해야 한다. 다문화 문학은 다양한 인간의 존재와 삶을 보여 주며, 상호문화 간 이해와 소통을 촉진하는 매개체로 기능할 수 있다. 기존의 민족주의적 시각이나 배타적 민족의식에서 벗어나, 타자와의 공존, 정체성의 재구성, 사회적 연대와 포용을 주제로 삼아야 할 것이다. 이에 『아름다운 양주작가 제15호』에서는 특집 2로 '다문화 문학'에 대해 다룬다.

한국 문학이 노벨상 수상 이후 세계문학계에서 조명을 받고 있는 시점에서, 이민자와 디아스포라 문학 등 다양한 문학을 포용함으로써, 한국 문학의 영역과 비전을 넓힐 수 있을 것이다.

시

나팔꽃 피는 창가에서 외 2편/김홍성

히말라야 산골 사람들은 창을 무척이나 사랑한다. 하얀 설산이 내다보이는 창 하나 새로 내달고는 온 동네 사람들을 불러 모아 하루 종일 잔치를 벌인다.

창은 신성하다. 창은 햇빛과 바람이 들어오고, 달빛과 별빛이 스며들고, 새소리 빗소리가 넘어오는 곳이다.

저녁 짓다가 아이들이 잘 노는지 내다보는 곳이며, 나팔꽃처럼 기대어 그리운 임 기다리는 곳이다. 무엇보다도 창은 밤중에 오롯한 등잔불이 어른대는 곳이다.

하루 일을 마치고, 또는 한 계절 동안의 먼 돈벌이 여행을 마치고 집으로 돌아오는 남정네들을 위하여 부인네들은 창가에 가꾸는 꽃들을 귀밑머리에 꽂기도 한다.

집집마다, 식구마다 뒤질세라 열심히 가꾸는 창가의 꽃들은 얼마나 아름다운가. 어린 딸들처럼 작고 예쁜 꽃들이 조르르 앉아 있는 창을 만날 때마다 나는 괜히 눈물이 났다.

히말라야 산골 사람들은 애를 많이 낳는다. 히말라야 산골 사람들이 사는 집 마당에는 늘 아이들이 뛰논다.

큰 애가 자라서 도회지로 떠난 후에는 어느새 자란 작은 애들이 마당에서 뛰어논다. 작은 애, 더 작은 애, 마침내 젖먹이 막내까지 다 자라서 떠나 버린 후에는….

누군가가 돌아온다. 나팔꽃 피는 창을 못 잊어서, 밤이면 오롯한 등잔불이 켜지는 창이 그리워서 옛 식구 하나 산모퉁이 돌아 달음박질쳐 온다.

람로

네팔에서는 람로가 좋다는 말이다

굶주려도 람로
헐벗어도 람로

박하사탕만 하나 줘도
람로 람로

흰 산봉우리 바라보며
람로 람로

그러니까 이렇게 못 살지라고 욕해도
람로 람로

누가 더 잘 사는가
잘 생각해 보라고
람로 람로

귀 후벼 주는 남자의 노래

벌판에서 태어나리라
드넓은 벌판 보리수 밑에
버려진 아이로 태어나리라
김매러 나온 늙은 아낙 땀에 절어 찝찔한 젖 빨며
업둥이로 자라리라
물소 등에 앉아 풀피리 불고
벌판에 뜨고 지는 해를 바라보며 자라리라
말라리아도 코프라도 콜레라도 굶주림도 겪어 보리라
늙은 어미 먼저 죽고 없어도 혼자 살아 보리라
맨발로 벌판을 걸으며 독수리 밥 빼앗아 날로 먹으며
벼락도 맞고 짱돌 같은 우박도 맞고 몰매도 맞으면서
질기게 살아 보리라
한 번 울면 천둥같이 울면서
한 번 걸으면 백 리를 내달으며 설산까지 가 보리라
설산 어귀에 이르기도 전에 자랄 건 다 자라리라
잔뼈도 주먹도 콧수염도 턱수염도 다 자라고
불알 두 쪽도 거치적거릴 만큼 자라리라
이제 무엇이 더 될지 고민할 만큼 자란 몸
벼랑 아래로 던지고 싶을 만큼 자라리라
굶고 또 굶어서 독버섯 먹고 미쳐서

벼랑 아래 몸 던지고도 안 죽고 살면 더 살아 보리라

마을에 내려가 양치기네 곰보 딸 사위도 돼 보고

애비 노릇도 해 보리라 도적질도 해 보리라

밤이면 집 없는 개를 껴안고 자면서

또다시 귀이개 하나로

뉴델리 뭄바이 콜카타 마드라스 코친

역에서 역으로 떠돌아 보리라

세상 귓구멍 만 개는 더 후벼 보리라

후벼 낸 귓구멍마다 속삭이리라

이 세상 몇 번이고 다시 와서 살고 싶다고

다시 와서 이렇게 저렇게 닥치는 대로 살고 싶다고

그리고 꼭 한마디 덧붙이리라

못 오면 말지요라고

김홍성
-『반시 8집』으로 등단
- 시집:『나팔꽃 피는 창가에서』, 산문집『트리술리의 물소리』등

희곡

이방인들의 슬픈 파티/박정근

등장인물:
김영필(한국학과 교환교수)
신 교수(한국학과 교수)
우 교수(한국학과 교수)
차 선생(김 교수 친구)
크리스틴(한국계 미국인) 영어교수
경찰
통역 학생
원로교수

#장면 1: 신고식
(카자흐스탄 크즐오르다의 고려식당에서 한국학과 교수들이 교환교수로 온 김 교수를 환영하는 자리를 마련하고 있다.)

김영필: 만나서 반갑습니다. 이번에 한국학과에 교환교수로 온 김영필입니다. 바쁘신데도 오셔서 환영을 해 주시니 감사드려요. 모든 게 낯설어서 힘들었는데 여러분들이 계시니 마음이 놓이네요.

우 교수: 저는 한국학과에 2년 반 전에 임용된 우 교수입니다. 김 교수님을 진심으로 환영해요. 선임교수로서 도와드려야 할 책임이 있죠. 그리고 한국학과를 창립한 한국대학교의 박 교수님께서 연락을 주셨습니다. 김 교수님이 오시면 잘해 드리라고 부탁을 하시더군요. 좀 거친 사막도시라서 모든 게 불편하실 거예요. 어려운 일이 계시면 언제든지 말씀하세요.

신 교수: 한국학과를 창립했다지만 지금은 외부인인 박 교수가 김 교수님을 추천하셨다는 건가요. 엄연히 학과 교수들이 별도로 있는데 크고 작은 일에 자꾸 개입하시니 기분이 별로 좋지 않군요. 하지만 김 교수님을 환영하지 않는 것은 아니에요. 오해하지 마세요. 사실 그분은 우 교수님을 비공식적인 루트로 추천하셔서 한국학과에서 강의를 하고 계시지만 한국 정부로부터 공식적인 절차로 이곳에 온 저로서는 좀 혼돈스러워요. 오시자마자 이런 말씀을 드려서 죄송해요.

김영필: 박 교수님은 저와 절친이죠. 정년퇴직하기 전에 마지막 교환교수로 지낼 대학을 찾고 있는데 적극적으로 이쪽을 추천했어요. 아무튼 바쁘신 중에 저를 환영하는 자리에 와 주셔서 감사할 따름입니다.

우 교수: 이곳은 '아리랑'이라는 고려인 식당으로 이 도시에서는 상당히 유명한 곳이에요. 이 도시에서 살면서 한국 음식을 맛보려면 가끔 올 만하죠. 그래서 제가 김 교수님께 이 식당을 추천했어요. 오늘 좀 울적한데 김 교수님을 환영하는 의미로 한잔 마시죠.

김영필: 오늘은 한국학과 교환교수로서 전임교수님들께 신고식을 하는 것이니 제가 사겠습니다. 마음껏 드시기 바랍니다.

우 교수: 제가 최고참 선임교수인데 좀 민망하네요. 하지만 다음에는 제가 대접하겠습니다. 우선 환영하는 의미로 함께 건배를 하죠. 건배!

모두: (잔을 들고 외친다) 건배!

신 교수: (맥주 한 잔을 비우고 잔을 내려놓으며) 술도 한 잔 했으니 우 선생에게 연장자로서 할 말은 해야겠어요. 우 선생이 선임자이지만 한국 정부에서 공식적으로 임명한 한국어 교수는 바로 나에요. 물론 한국어가 저의 주전공은 아니죠. 심리학박사로 미국에서 포닥까지 받은 학자로서 한국에서 전임이 되지 못했어요. 강사노릇이 신물이 나서 한국어 교육과정을 이수하고 한국어 교수가 됐어요. 우 선생은 박 교수와 대학 간의 사적관계로 추천된 비공식 교수잖아요. 그런

데 왜 내가 박 교수의 영향을 받아야 하죠? 사실 두 분 모두 박 교수가 추천한 사람이거든요. 저는 비공식적으로 임명된 우 선생의 지시를 받을 이유가 없어요.

우 교수: 제가 선임이기 때문에 코디네이터의 역할을 할 뿐이지 신 교수님께 지시한 적은 없어요. 저는 단지 먼저 왔다는 이유로 업무를 수행하면서 연장자이신 신 교수님께 협조를 구했을 뿐이죠. 그래도 치맥을 함께 마시면서 어려운 일을 잘 해냈잖아요. 오늘 신 교수님이 좀 예민하시네요.

신 교수: 내가 이유 없이 예민한 줄 아세요? 참 기가 막혀서! 무슨 근거로 한국학과 일을 하면서 우 선생이 박 교수의 지시를 따르고 그를 신처럼 떠받드느냐 말이요?

우 교수: (준비가 안 된 상태에서 급소를 맞은 듯 표정이 굳어지며) 제가 그 분 덕분에 여기에 오게 되어 고맙게 생각은 하죠. 이 대학 한국학과를 위해서 큰일을 하셨으니까 존경은 하지만 신이라니요. 좀 지나친 말씀이 아닌가요.

신 교수: 저는 한국정부가 공식적으로 파견한 한국어 교수에요. 박 교수가 이 대학을 위해 개인적으로 한국 기업의 후원을 받아 도와주었다지만 그건 정상적인 방법이 아니에요. 어떻게 보면 그것도 국민의 세금으로 이루어진 거라고요. 세금

은 아니더라도 기업의 공금이 아니겠어요. 그렇다면 그 처리는 투명해야 해요. 그런 돈이 자기 호주머니에서 나오는 쌈짓돈처럼 쓰면 되겠어요?

김영필: (신 선생의 표정을 살피며 그녀의 예민한 감정을 누그러뜨리려고 애쓰며) 신 선생께서 공적 조직을 통해 한국학과를 운영해야 한다고 주장하시는 데 개인적으로 동의합니다. 만약에 박 교수에게 무슨 문제가 생기면 어떻게 되겠어요. 개인적인 후원보다 정부로부터 체계적으로 예산을 받고 그걸 투명하게 처리해야 학과의 생명이 길어지겠지요. 여하튼 오늘은 제가 신참으로 신고식을 하는 자리이니 그 이야기는 이쯤 해 두기로 하죠. 어떻습니까? 자, 멋진 파티를 만들자는 의미에서 함께 한 잔 쭉 듭시다. 오늘 신고식 파티를 위하여!

모두: (소리를 높이며) 파티를 위하여!

신 교수: (화끈하게 술을 들이켠 후 술잔을 탁자에 내려놓고 감정을 누그러뜨리며) 저나 우 선생은 서로 성격도 다르고 별로 좋아하지도 않아요. 하지만 한국학과를 운영하기 위해 가끔 맥주와 통닭을 주문해서 먹었는데 효과는 좋았어요. 술기운에 서로 속에 있는 말을 하게 되고 그런대로 조율할 수 있었거든요. 남자들과 별로 말을 안 섞는데 술을 한잔하니 괜찮네요!

김영필: (분위기를 반전시키려는 의지를 보이며) 제가 두 분께 분위기를 살릴 제안을 하나 하겠습니다. 제 친구가 하나 있는데 학기 말에 여기로 여행을 오고 싶어 합니다. 학기 말 성적 처리가 끝나면 러시아와 발트 삼국 쪽을 함께 돌아다닐 계획입니다. 헌데 이 친구의 특기는 요리에요. 여기 있는 동안 쌓였던 두 분의 스트레스를 풀어 줄 파티를 만들려고 하는데 두 분의 생각은 어떻습니까?

신 교수: (강한 호기심을 내보이며) 사실 삭막한 도시에서 아는 사람이라곤 한국어 교수 단 둘밖에 없는데 아이들을 가르치는 일 이외에 별로 할 일이 없어요. 무료하고 쓸쓸하기 짝이 없죠. 그런데 김 교수님이 나타나시더니 분위기가 달라지는군요. 게다가 멋진 파티를 제안해 주셔서 기대가 큽니다!

김영필: 이제 함께 같은 아파트에서 한 학기 동안 살아가야 하는데 서로 소통하지 않으면 얼마나 힘들겠습니까? 멋진 파티계획은 우리들에게 한밤중에 발견한 환한 별빛처럼 희망의 비전을 줄 겁니다. 축제는 한 번의 파티로 완성될 수 없거든요. 가끔 술자리를 만들어서 학기말에 있을 축제를 멋지게 만들기 위해서 이야기하고 왕창 취해 봅시다!

우 교수: 멋진 파티를 하면서 최고의 셰프가 만든 음식을 맛볼 수 있다니 행복해요. 저는 주부였지만 요리는 완전 젬병이에

요. 김 교수님이 오셔서 아파트가 활기가 넘칠 것 같은 예감이 듭니다. 부끄럽지만 시간이 없다는 핑계로 밥도 해 먹지 않아요. 주중에는 과자나 빵을 사다가 대충 때우고 일요일에 고려인 교회에 가서 비로소 김치를 맛보는 게으른 여자예요. 우리도 가끔 불금을 즐겼으면 좋겠어요.

김영필: 제가 책임지고 불금 파티를 매주 열겠습니다. 이방인들끼리 뜨거운 파티로 도시의 삭막한 분위기를 이겨 봅시다.

신 교수: 저도 덩달아서 기분이 부풀어 오르네요. 원래 심리학을 한지라 모든 게 분석적이고 냉소적이거든요. 축제나 파티의 감정적이고 몰입적인 것을 경계해요. 모든 것이 부정적인 저의가 있다고 보고 그것의 이면을 파헤치는 걸 좋아해요. 하지만 이 삭막한 도시에서 한 학기 지내고 보니 너무 우울해서 뭔가 도발적인 사건이 필요하다고 생각했죠. 마침 김 교수님이 제안하신 파티는 그럴듯해요. 적극적으로 참여할게요.

김영필: 신 교수님이 그저 축제의 방관자가 아니라 적극적 주선자가 되어 주신다면 우리들의 파티는 비록 이방인들끼리지만 분명히 즐거울 겁니다. 저는 겨우 첫발을 내디딘 이주자로 제안만 했을 뿐 어떻게 해야 할지 막연했거든요.

신 교수: (싱긋 웃음을 지으며 장난기를 보이며) 김 교수님의 진지한 노력에 감동을 받은 김에 수정 제안을 하죠. 이번 파티팀에 한국계 미국인인 크리스틴을 끼게 하죠. 하버드 출신으로 저처럼 사십대 초반의 노처녀에요. 불금 파티를 하기로 했으니 축제팀의 전력강화를 위해서 다음 주 금요일 저녁에 제가 아파트 삼층 로비에서 불고기 파티를 열어 드릴게요. 기대해도 좋습니다. 김 교수님은 좋은 보드카를 한 병 준비해 주세요.

김영필: 물론입니다. 최고의 보드카를 가져오겠습니다. 아직까지 남자는 저 한 사람이니 완전히 꽃밭에서 놀겠네요. 자, 이제 학기 말 파티와 전초전에 관한 논의를 마치죠. 그럼 지금부터 본격적으로 놀아 볼까요! 오늘 술값은 걱정하지 마시고 코가 삐뚤어질 때까지 가는 겁니다. 플로어에서 즐기는 카작인들 못지않게 소리도 지르고 춤도 춰 봅시다!
헤이, 고려인 기타리스트! 아리랑 부탁해요!

기타리스트: 팁만 두둑하게 주세요. 그럼 아리랑 나갑니다! (약간 과장된 손짓을 하며 연주와 노래를 시작한다.)

(세 사람은 술을 마시고 말다툼으로 생긴 앙금은 모두 날려 버리려고 자리에서 일어나 춤을 추기 시작한다. 카작인들이 그들의 기세에 놀라서 곁눈질을 하면서 자리를 조금씩 내어준다.)

(암전)

#장면2: 불고기 파티

(교수 아파트 로비에서 신 교수가 주도해서 불고기 파티를 하기 위해서 불판을 마련하고 불고기를 굽고 있다. 김영필이 보드카와 술잔을 가져와 탁자 위에 정리한다. 우 교수는 맥주와 과자를 준비해서 분배한다. 크리스틴은 아직 도착하지 않은 상태이다.)

김영필: 드디어 불금 파티를 맞이했군요. 주당 다섯 시간만 강의하면 되니 시간이 엄청 남아도는군요. 한국에서 바삐 지냈었는데 여기에서 시간이 멈춰 버린 것 같아요. 일주일 내내 오늘만 기다렸어요. 두 분은 강의가 많아서 저와 비교해서 좀 바쁘더라고요.

우 교수: 저는 학과의 코디네이터 역할을 하고 있어 학생들과 자주 상담을 해야 해요. 하지만 가르치는 일은 매 학기 같은 걸 반복해서 준비할 것은 많지 않죠. 신 교수님은 강의하는 동안 엄격하셔서 학생들이 많이 긴장하더군요. 여기 학생들은 학습의욕이 없어 한국 학생들처럼 치열하지 않고 결석도 너무 잦아요. 대학을 졸업해도 취업이 되지 않으니 학습 동기가 부족한 거죠.

신 교수: 교수로서 공부에 의욕이 없는 학생들을 어떻게 할 것인가에 대해 고민해야 해요. 학생들의 개별적 상황이 어떻든지 그들이 학습에 열성을 가지도록 하는 것이 교수의 의무이죠. 학생들 사이에 내가 너무 힘들게 한다고 투덜댄다고 하더군요. 우 선생은 학생들 반응에 너무 신경을 쓰지 마세요. 내가 알아서 할 테니까.

우 교수: 사실 신 교수님이 너무 심하게 야단치신다고 얘들이 야단이에요. 그중 몇몇은 프락치로서 본부와도 연결되어 있으니 조심하시는 것이 좋을 거예요. 독재국가라서 그런지 체제비판적인 강의내용이 있는지 감시한다고 하더군요. 특히 학생들의 반응이 다음 학기에 재계약할 때 영향을 끼칠 수 있거든요.

신 교수: 우 선생은 학과 운영을 맡고 있으면서 학생들에게 질질 끌려가면 어떻게 하겠다는 거요? 교수가 학습목표에 도달하지 못하면 학습성취 평가에 문제가 있다는 것은 알아야 해요. 어쨌든 내가 가르치는 것은 알아서 할 테니 신경을 쓰지 말아요. 괜히 서로 껄끄러울 수 있으니 말이요.

김영필: 아이고, 파티를 시작하기도 전에 삼천포로 빠지게 생겼네요. 파티를 할 때는 너무 진지한 주제는 어울리지 않아요. 자, 고기는 거의 익어 가는데 크리스틴은 왜 도착하지 않는 거죠?

신 교수: 제 시간에 오라고 연락을 했는데 준비할 게 있어 조금 늦겠다고 연락이 왔어요. 크리스틴이 먹을 고기를 따로 준비해 놓고 우리 끼리 먼저 시작합시다. 우선 맥주 한 잔씩 하고 고기를 먹죠. 오늘 불금은 제가 제의했으니 먼저 건배를 제의할 게요. 우리의 불금 파티를 위하여 건배!

모두: 건배! (모두 술잔을 내려놓으며) 브라보!

김영필: (고기를 한 점 먹고 나서) 와, 고기가 정말 부드럽네요. 며칠 전에 고기를 사서 구워 먹었는데 엄청 질기던데요. 신 교수님, 무슨 비결이라도 있나요?

신 교수: 카자흐스탄에서는 가축들을 방목하잖아요. 한국처럼 좁은 우리에 가둬 놓고 사료만 먹이지 않거든요. 넓은 초원에서 마음껏 뛰어 놀면서 깨끗한 목초를 먹고 자라죠. 그래서 고기의 질이 비교가 안 돼요. 하지만 문제는 자유롭게 운동하면 근육이 발달하고 지방이 줄어든다는 거죠. 그래서 여기 고기는 질깁니다. 이것을 부드럽게 하는 방법은 별 게 아니라 오래 삶는 거예요. 한국에서도 개장국을 만들기 위해 중탕을 하면 고기가 흐물흐물해지잖아요. 질긴 고기를 부드럽게 하려면 이 방법이 최선이라고 생각했죠.

김영필: 전번에 실패한 이유를 이제야 알겠군요. 이제 소고기 요리를 다시 할 수 있겠다는 자신감이 듭니다. 신 교수님이 요리한 고기가 입에 살살 녹는 이유는 이미 오랫동안 삶아 놓았기 때문이군요. 부드러워진 고기를 다시 살짝 데쳐 놓고 그걸 푹 삭힌 한국 간장과 양념과 곁들이니 맛이 있을 수밖에 없겠죠. 신 교수님이 날카로운 줄 알았는데 자상한 면모도 대단하시네요.

(왁자지껄 떠들며 파티를 하고 있는데 와인병을 들고 크리스틴이 등장한다.)

크리스틴: (늦은 걸 미안해하며) 그냥 오기가 미안해서 와인을 사러 갔다가 교통이 막히는 바람에 늦었어요. 죄송해요!

김영필: 걱정하지 마세요. 신 교수님이 맛있는 부위만 골라서 접시에 준비했으니 먼저 시식해 보세요.

크르시틴: (소고기를 한 점 먹고 얼굴이 환해지며) 어머나, 너무 맛있어요. 저를 불금 파티에 초대해 주셔서 고맙습니다.

김영필: 크리스틴 선생, 불고기를 그렇게 맛있게 드시는 걸 보니 영락없이 한국인이군요. 한국 국적은 가지고 있나요?

신 교수: (어색한 표정을 짓는 크리스틴을 바라보며 단호하게) 크리스틴 선생에게 한국인의 피가 흐르고 있다고 하더라도 한국인은 결코 아닙니다. 한국 국적이 없는데 어떻게 한국인이 될 수 있다는 거예요? 오해하지 마세요. 말은 정확하게 하자는 겁니다.

우 교수: 그런데 한국인이 좋아하는 불고기를 맛있게 먹는 걸 보니 한인 DNA를 타고난 한국인임에 틀림없지 않습니까?

김영필: 한국인 정체성에 대한 정의는 그리 간단하지는 않죠. 우선 당사자가 한국인으로서 혈연에 해당하는 가족 상황이 어떤지가 중요하다고 봅니다. 크리스틴 부모님은 모두 한국인이신가요?

크리스틴: (신 교수의 잔인한 직설법에 놀라 억울하다는 듯 해명을 하며) 부모님들이 모두 한국인으로서 일찍이 미국으로 유학을 오셨어요. 서울 한국대학교를 나온 엘리트로서 미국에서 당당하게 성공하여 정착하게 되었고요. 그래서 저는 미국에서 태어나게 됐죠. 한국인의 피를 받았지만 법적으로는 미국 시민권을 가진 미국인 것은 맞아요. 하지만 어려서부터 자연스럽게 한국식 사고방식을 가지신 부모님에게 양육을 받았어요. 어머니가 만들어 주신 된장국과 불고기를 즐겨 먹었죠. 아버지의 가르침대로 착하게 살

고 공부를 열심히 하고 최선을 다하라는 가부장적 분위기에서 살았고요. 그 결과 하버드에 들어갔지만 그런 순종적인 가치관이 싫어지더군요. 결국 오지인 제3세계만 찾아가서 영어를 가르치게 됐죠. 일종의 유교적 분위기에서 탈출했다고나 할까요.

신 교수: (객관적 입장을 여전히 고수하며 임상심리학자로서 법적 원칙주의를 고수하겠다는 듯이) 아무리 우리가 크리스틴 선생에게 한국인이라고 부른다 한들 한국국적을 가질 수 없잖아요. 그러니 한국인이 아니라는 거죠.

김영필: (신 교수의 객관주의가 파티 분위기를 가라앉히는 것을 안타까워하며) 신 선생님, 요즘 우리는 국경의 문턱이 낮아져서 인종간의 이동이 자유로워진 다문화사회에 살고 있어요. 노동력의 필요에 의해서 부자인 나라가 오히려 가난한 국가의 시민들을 불러들여 더 큰 부를 창출하기 위해 고용을 하고 있고요. 미국은 세계 각국의 엘리트들을 대학으로 흡수한 후 일정한 기간 적응 기간을 거쳐 정착시키고 시민권을 주기도 하잖아요. 게다가 중국은 전 세계에 흩어진 화교들을 자신의 경제적 공동체에 편입을 시켜서 거대한 세계제국을 이루고 있습니다. 신 선생님이 한국인에 대한 정의를 편협하게 내리시면 그만큼 한국의 국력은 약해질 수밖에 없다는 이야깁니다. 이제 한국인에 대해 정의할 때 범위를 더 넓

게 보셔서 한국인들의 파티에 참석하신 크리스틴 선생을 한국인으로 모시기로 하죠.

신 교수: (김영필의 적극적인 옹호에 자신의 편협한 자세가 크리스틴을 너무 곤혹스럽게 했다는 것을 깨닫고) 제 주장이 너무 날카로워서 파티를 즐기러 온 크리스틴의 마음을 아프게 했다면 미안해요. 그건 저의 본의가 아니었어요. 매사를 정확하게 이해하는 것이 좋다는 과학자의 못된 버릇이죠. 크리스틴 선생을 일부러 한국인에서 배제하려는 생각에 말한 게 아니에요. 우리는 지식인이니 사실은 사실대로 이야기하는 게 옳다고 생각했을 뿐이에요. 말이 심하게 나간 것 같은데 미안해요. 저도 크리스틴 선생을 좋아하고 친해요.

크리스틴: (미안해하는 신 교수를 오히려 이해한다는 듯) 제가 작년 겨울에 극심한 추위를 이기지 못하고 감기로 오래 고생했어요. 그때 신 교수님이 매일 죽을 끓여 주셔서 얼마나 감사했는지 몰라요. 저는 한국인 모임에 와서 너무 좋아요. 함께 이야기도 하고 맛있는 한국 음식도 즐길 수 있고요. 오늘도 신 교수님이 만들어 주신 불고기를 너무 맛있게 먹었어요. 한국 국적은 없지만 한국인 모임에 참여하고 싶어요.

김영필: 우리는 여기서 이방인이에요. 아무리 강한 척해도 이 사회에서 변방으로 밀리는 이방인이라고요. 축제는 한두 번의 파티로 완벽한 자유와 행복을 누릴 수 없죠. 다음에는 더 멋진 파티가 되리라고 봅니다. 신 교수님이 만들어 주신 불고기는 고국을 떠나 생긴 향수병을 조금이라도 어루만져 주었군요. 가급적 우리끼리는 서로 보듬어 주어야 됩니다. 오늘 우리는 작은 파티에서 생긴 파국의 위기를 슬기롭게 넘겼다는 점을 모두 박수로 축하해야 합니다.

(모두 일어나 박수를 치고 포옹을 한다.)

크리스틴: 전 그만 일어설게요. 여러분들이 저를 한국인으로 받아 주셔서 정말 고마워요. 저도 미국인의 자격으로 오지만 찾아가서 일하지만 어쩐지 외롭거든요. 이 자리는 정말 따뜻한 느낌이 들었어요. 다음 불금 파티에 또 참석하도록 해 주시면 행복할 거예요. (모두에게 포옹을 하고는 문을 열고 쓸쓸하게 나간다.)

(모두 크리스틴이 쓸쓸하게 나가는 뒷모습을 슬픈 표정을 지으며 바라본다. 서로 보듬을수록 이방인들의 가슴이 텅 비어 있다는 느낌을 지울 수 없다.)

(암전)

#장면3: 카작 축제에서 밀려난 이방인들
(크즐오르다 광장에 축제가 한창이고 한국학과 교수와 원로교수가 만나서 축제에 대해 설명하고 있다.)

우 선생: 카작 원로교수께서 광장에서 열리고 있는 축제에 대해 설명해 주시겠다고 연락이 와서 오시라고 한 거예요.

김영필: 신 교수님은 아랄해 여행을 가셨다는 이야기를 들었는데 어떻게 빨리 돌아오셨나요?

신 교수: 아랄해는 내륙의 바다인데 수로를 바꾸는 바람에 바닥이 말라 가고 있어요. 거대한 배들이 맨 땅에서 버려져서 진풍경을 연출하고 있더군요. 그런데 문제가 생겼어요. 아랄해 전체를 둘러보려면 지프차를 빌려야 해요. 하지만 현지인들이 이방인인 저를 어리숙하게 보고 엄청나게 바가지를 씌우려고 했어요.

우 선생: 여행사에서 미리 예약해 주지 않던가요?

신 교수: 여행 노선이 너무 뻔해서 그냥 기차를 타고 갔거든. 현지인들이 터무니없이 갑질을 할 줄 몰랐죠. 너무 화가 나서 그 길로 돌아와 버렸어요. 너무 우울해서 피곤하지만 축제를 보러 광장으로 따라 나왔어요. 덕분에 함께 광장 축제를 보게 되었네요.

(원로 교수와 통역 학생이 그들에게 다가온다.)

우 교수: (원로교수와 통역 학생을 맞이하며) 우리들에게 소수민족축제를 설명해 주시려고 원로교수님께 일부러 와 주셨습니다. 감사합니다.

원로교수: 카자흐스탄은 카작인들이 주류이지만 여러 소수민족들이 함께 살고 있답니다. 스탈린 강제이주정책으로 고려인들이 중앙아시아로 이주하였듯이 말입니다. 여러 소수 민족들은 각자의 문화를 지니고 있기 때문에 카작 정부가 다문화정책의 일환으로 소수민족축제를 해마다 열고 있답니다.

(광장 한쪽에서 갑자기 경찰이 다가와 여권을 제시하라고 요구한다.)

통역 학생: 축제에서 발생할 수 있는 테러에 대비해서 모든 외국인들은 여권을 소지하고 있어야 한다고 합니다. 교수님들, 여권을 가지고 오셨나요?

우 선생: 여권은 교수 아파트에 있고 대학에서 발행하는 신분증이 있는데 어떻게 하지?

(통역 학생이 경찰에게 교수들의 상황을 설명하지만 경찰은 고개를 흔들며 여권을 제시하라고 고압적으로 말한다. 원로교수가 경찰에게 다가가 부탁하는 동안 우 교수와 신 교수가 뒤로 살짝 빠지려고 한다.)

통역 학생: (두 사람의 돌출 행동에 놀라서) 교수님, 가시면 안 돼요! 경찰이 알면 큰일이 나요!

김영필: (상황이 꼬이는 것을 알고 경찰에게 다가가 영어로 설명하며) 저는 크즐오르다 국립대학 교환교수인데 김영필이라고 합니다. (I am visiting professor of Kyzlorda National University. My name is YongPil Kim.)

경찰: (더 권위적으로 소리치며) 패스포트! 패스포트!

신 교수: (통역 학생의 무감각한 주장에 화가 난 나머지 거의 히스테릭하게 반응을 하며) 이 바보야, 교수인 내가 알아서 빠져나가고 있잖아. 왜 네가 경찰 편을 드는 거야. 이런 병신 같은 년이 뭘 안다고!

통역 학생: (신 교수의 폭언에 깜짝 놀라며) 그게 아니고, 경찰이 너무 강경해서 따라 주어야 해요!

신 교수: (경찰에게 삿대질을 하며) 너희들은 화장실을 갈 때도 여권을 가지고 다니냐? 그리고 집 앞 시장갈 때도 여권을 가지고 다니냐고? 이런 작자들에게는 미친 척하고 뜨거운 맛을 좀 보여 줘야 해요!

우 교수: 아무래도 광장 축제 구경은 포기해야겠어요! 경찰들이 집을 알면 수시로 찾아와 돈을 요구하고 성희롱도 일삼아요. 좀 전에 자리를 피한 것도 그 때문이에요.

김영필: 좀 비겁한 것 같지만 술 한잔하며 잊어버리죠. 똥이 무서워서 피합니까! 더러워서 피하는 거지요. 권위적이고 건방진 경찰놈들을 안주 삼아 술을 마시면 그런대로 재미있을 겁니다. 학생, 우리가 광장에 들어가지 않고 아파트로 돌아간다고 말해! 그냥 맥주나 마시러 선술집에 가자고요.

신 교수: (우울한 표정을 지으며) 아랄해 여행을 잡치고 왔는데, 이런 우스꽝스러운 꼴을 당하다니. 혼자 바람이나 쐬다 갈게요. 전 술을 마실 기분이 아니네요. (밖으로 나간다)

(김영필과 우 교수가 쓸쓸하게 나가는 신 교수의 뒷모습을 쓸쓸하게 바라본다.)

(암전)

#장면 4: 우 교수 독백 장면

(어두운 방에서 이리저리 거닐다가 머리카락을 움켜쥐고 신음소리를 내며)

외로워 죽겠어. 더럽게 외롭단 말이야. 이 쓸쓸한 밤에 내 곁에 아무도 없군. 크즐오르다는 너무 쓸쓸해. 아무도 친절하게 말을 걸어 주는 사람도 없으니 당연하지. 도대체 왜 난 이 삭막한 도시에 온 것일까. 보고 싶은 가족들을 내팽개치고 교수 자리 하나 얻겠다고 이곳에 왔단 말이야? 밤마다 모래바람이 창문을 사정없이 때리는 소리에 잠을 이룰 수 없구나.

(손을 허공에 내저으며) 이젠 견딜 수 없어. 도저히 견딜 수 없다니까. 그럼 어떻게 해야 하지? 한국으로 돌아가면 어떨까! 우리 집으로 돌아가면 귀여운 자식들과 도란도란 이야기할 수 있으니 쓸쓸하지 않겠지. 이 구질구질한 침대에서 나자빠져서 맛없는 비스킷이나 우글우글 처먹고 있다니 한심하기 짝이 없어. 우리 집에서 조금만 걸

어 나가면 즐비한 식당에서 맛있는 요리를 즐길 수 있잖아. 그리고 봄이면 집 정원에 하얀 라일락이 달처럼 빛나고 찔레꽃이 담장을 따라 그림처럼 붉게 피어 있는 집이 너무 그리워. 그래 모두 때려치우고 돌아가자 돌아가자고.

(결심한 듯 짐이라도 싸려는 듯 트렁크를 찾다가 다시 멈칫거린다)

아냐, 돌아가면 나를 징그러운 뱀처럼 취급하는 시어머니가 있잖아. 제 부모에게 순종하고 잘 모시지 않는다고 돌아선 남편이 얼마나 잔소리를 해 댈 것인가. 딸년은 지 애비 편만 들고 그동안 뒷바라지 하느라고 발이 닳도록 뛰어다녔던 에미에게 등을 돌리고 말았잖아. 참 허무한 일이야. 그저 아들 하나 남아서 저를 돌보지 않는다고 칭얼대고 있을 뿐이야. 다 소용없어! 의미가 없다고. 돌아가도 날 반기는 사람 하나도 없잖아. 아~ 그럼 집으로 가도 쓸쓸하긴 마찬가지겠군. 그럼 어떻게 해야 하나! (쓸쓸하게 허공만 바라본다)

(방에서 이리저리 서성거린다) 참 더러운 인생이네. 이런 지긋지긋한 고독의 감옥에서 탈출할 구멍이 없다니 말이야. 난 고독한 감방에 갇힌 죄수가 되어 버렸어. 평생 독방에서 탈출할 수 없도록 종신형을 받아 버렸다고. (주저앉으며) 난 고독의 저주를 받은 불쌍한 여자구나!

(찬장에서 더듬더듬 보드카 술병을 찾아 한 모금 마시고 나서)
아, 술맛이 좋구나. 이 쓸쓸한 밤에 유일한 친구는 보드카 너 뿐이야. 신 교수도 참 불쌍한 사람이야. 하지만 그 여자를 만나면 마치 벼랑 끝을 걷는 기분이야. 분노 조절이 안 되어 악성의 히스테리가 언제 폭발할지 모르거든. 재수가 없으려니까 이리 치이고 저리 치이는 신세가 되어 버렸구나. 카작 애들이라도 마음을 붙이고 신나게 가르치고 싶은데 더러운 복병을 만난 기분이야. 마음을 합쳐서 멋진 한국학과를 만들고 싶었는데 그게 내 마음대로 되어야 말이지. 내 처지가 마치 쳇바퀴를 돌리는 다람쥐와 같은 꼴이지. 빠져나갈 수 없는 딜레마라고. (술병을 들고 목구멍에 털어 넣으며) 에라 모르겠다. 병째로 마셔야 잠이 들겠구나. 자, 오너라 잠이여! (침대로 고꾸라진다)

(암전)

#장면 5: 차 선생 환영 파티

(오월이 오고 파티를 위해 요리를 해 주라고 기다렸던 차 선생이 도착하여 환영하는 만찬 파티가 열리고 있다. 김영필이 차 선생을 신 교수, 우 교수에게 소개한 후 크리스틴도 도착하여 인사를 한다.)

김영필: 우리가 고대하던 차 선생이 드디어 도착하여 함께 환영 만찬파티를 하게 되었습니다. 우선 우리의 파티를 빛내줄 셰프 차 선생을 소개합니다. 박수로 환영해 주세요.

모두: 열렬히 환영합니다.

차 선생: 환영해 주셔서 감사합니다. 여러분들의 기대에 부응하도록 최대한 노력하겠습니다.

김영필: 자, 맥주잔을 채워 주세요. 우리의 파티를 빛내 줄 위대한 셰프 차 선생을 위하여 건배!

모두: 우리들의 셰프를 위하여!

우 선생: 저도 이번 학기말로 한국으로 돌아갑니다. 이번 파티는 학기말 이후에 뿔뿔이 헤어질 이방인들의 행복을 기원하는 의미를 가질 것입니다. 그래서 파티에서 즐길 메뉴는 우리 모두에게 지대한 관심의 대상이 아닐 수 없군요. 이번 파티에서 차 선생님이 만드실 주 메뉴는 무엇인가요?

차 선생: (자신감을 파격적으로 내보이며) 파스타와 수육입니다. 대중적인 음식이지만 셰프에 따라 맛은 완전히 달라지죠.

우 교수: 차 선생님은 요리에 대한 무슨 비법이 있으시나요?

차 선생: (요리 드라마의 프로 요리사처럼 희극적인 포즈를 취하며) 맛있는 요리를 만들기 위해서 싱싱한 재료가 필요하지요. 아무리 실력이 좋은 요리사도 재료가 좋지 않으면 성공적으로 요리를 할 수 없습니다. 그래서 저는 신선한 재료를 사기 위해 시장을 샅샅이 뒤지는 버릇이 있습니다. 요리사들이 식자재에 특별한 관심을 가지는 이유는 바로 싱싱한 재료를 확보하려는 겁니다.

신 교수: (너스레를 떠는 차 선생을 유심히 관찰하며) 그럼 싱싱한 재료만 확보를 하면 성공적인 요리를 할 수 있다는 겁니까?

차 선생: (요리에 대한 책임을 운명적으로 떠맡아야 된다고 파악하고 요리에 대해 본격적으로 강의를 하듯이) 그렇지 않죠. 요리의 핵심은 역시 요리사의 자질과 실력이지요. 요리사는 요리 시간과 재료를 섞는 비율과 적절한 온도 등을 자로 재듯 정확하게 지켜야 합니다. 물론 그것만으로 충분하지 않지요. 성공적인 요리를 만드는 데 더 중요한 것은 역시 요리사의 손맛과 정성이라고 봅니다. 좋은 맛을 내기 위해서 항상 연구하고 실험하는 학구적인 태도도 중요하겠죠. 그뿐만이 아닙니다. 맛집을 항상 수소문해서 찾아가 맛

을 보고 그 비법을 알아내려는 탐구심도 요리사의 자질을 향상시켜 줄 수 있고요.

크리스틴: (차 선생의 과장된 표정을 재미있게 바라보며) 그런데 지금까지 설명하신 건 셰프의 자질과 능력이겠죠. 마지막으로 차 선생님만의 요리에 대한 비결이라는 게 있나요?

차 선생: (능청스러운 미소를 지으며) 제가 원하는 질문을 마침 잘 해 주셨네요. 요리사는 같은 재료를 갖추었다고 해서 항상 똑같은 요리를 만드는 것은 아닙니다. 시간과 장소에 따라서 요리의 맛이 약간의 차이를 보이죠. 물론 요리의 여러 조건의 변화에 의해서 차이가 나타나기도 합니다. 하지만 그 차이의 가장 중요한 요인은 요리사의 영감입니다. 일급의 요리사는 요리에 관련된 재료의 변화에 의해서 차이를 만들기보다는 그 순간 요리에 대한 영감에 의해서 제반적 요소를 컨트롤하고 변화시킬 수 있다는 겁니다. 마치 요리사의 영감이 재료와 조리과정에 스며들어 요리의 차이를 긍정적으로 창출해 낸다고 할 수 있겠죠. 제가 바로 그런 요리사라고 할 수 있고요. 하하하!

김영필: 차 선생이 이론과 실제를 겸비한 진정한 요리사로 평가할 수 있을지 자못 궁금해지네요. 그것은 차 선생이 떠벌린 이론대로 요리가 실제로 만들어질 것인가에 달려 있겠죠. 하

지만 모든 것을 차 선생에게만 맡겨서는 안 될 것 같군요. 특히 그가 주장한 대로 맛있는 요리를 하기 위해서는 신선한 재료가 매우 중요하다면 그 문제를 해결하도록 여러분들의 협조가 필수적이겠죠. 그럼 파스타와 수육을 만들 재료는 어떻게 구매하지요?

신 교수: (선뜻 식자재 해결을 자임하고 나서며) 이슬람 국가인 카자흐스탄의 일반 몰에서는 돼지고기를 살 수 없어요. 제가 재래시장에서 그걸 여러 번 사 본 적이 있으니 파티를 위해 당일 오전에 가서 직접 구해서 올게요. 가장 신선한 야채도 곁들여서 말이죠.

김영필: (신 교수의 적극성에 놀라며) 그런데 파티 장소는 교수 아파트 공동 거실로 할까요. 이동할 필요도 없으니 편리하기도 하고요.

우 교수: 교수 아파트 공동 거실을 이용해도 되지만 공적 공간이라 프라이버시가 보장되지 않고 관리인들의 눈치를 볼 수밖에 없어요. 물론 이동할 필요가 없고 각자의 식당 방을 사용할 수 있다는 이점도 있죠.

크리스틴: (조심스럽게 말문을 열며) 모두 동의해 주신다면 저의 아파트에서 하면 어떨까요? 저의 집도 구경하시고요. 플브

라이트 지원금으로 임대한 아파트라서 주방시설이 교수 아파트보다 좋기도 하고 공간도 훨씬 넓으니까요.

신 교수: (매우 흡족한 표정을 지으며) 크리스틴이 심한 독감에 걸렸을 때 간병하러 여러 번 다녀왔는데 교수 아파트보다 격이 높고 깨끗한 편이죠. 전 대찬성입니다.

모두: 좋습니다!

차 선생: (광대처럼 너털웃음을 터뜨리며) 이번에 만들 파스타는 최고가 될 겁니다… 하하. 그리고 이 파스타는 이걸 좋아하신다는 우 선생에게 바치는 걸로 하겠습니다.

우 교수: (환하게 웃으며) 정말 저를 위해서 만들어 주시겠다고요? 영광입니다!

신 교수: (히스테릭한 소리로) 그건 안 되죠! 저도 여자예요! 질투심이 있다고요!

김영필: (불화에 대한 위기감을 느끼며 수습하려고 애쓰며) 차 선생이 눈치가 없군요. 신 교수님의 음식에 대한 열정을 몰랐으니 말입니다. 이건 승리의 나팔을 불며 진군하던 군인들이 부비트랩을 밟은 격입니다. 차 선생이 빨리 대안을 내놓으시게나.

차 선생: 아, 우 선생님이 파스타를 좋아하신다고 하셔서 사기 진작 차원에서 말씀드린 겁니다. 제 발언이 형평성에 어긋나 기분을 상하게 했다면 미안합니다. 그렇다면 파티를 위해 돼지고기를 기부해 주신다고 하셨으니 수육은 신 선생님을 위해 바치겠습니다. 그러면 되겠습니까?

신 교수: (자신의 돌출 발언으로 깨진 분위기를 반전시키려는 듯) 그렇다면 차 선생님의 제안을 받아 드릴게요. (엷은 미소를 지으며) 파티에 참여하는 저의 최소한의 자존심이니 이해해 주세요.

크리스틴: 이제 이성의 빗장을 벗겨 버리고 이방인의 파티를 위해서 마음껏 건배를 해도 좋겠네요!

차 선생: (안도의 숨을 내쉬며) 이제 파티의 정상을 향한 가파른 깔딱고개를 또 하나 넘었으니 술 한 잔 마시고 멋진 춤판을 벌여 볼까요?

김영필: (술을 벌컥 마시고) 오랜만에 쌓인 스트레스를 내던지고 춤판을 벌여 봅시다. 축제의 도가니에 온몸을 던져 보자고요. 자, 함께 한밤의 깊은 욕망의 열기를 들이마시며 이 삭막한 도시 속에서 이방인들의 억눌렸던 몸을 움직여 봅시다. 우리들의 마지막 파티를 위한 전초전을 즐기자고요!

모두: (환호를 지르며) 옳소!

차 선생: 힘차게 스텝을 밟아요! 사막바람을 타고 목구멍으로 밀고 들어온 먼지를 밖으로 밀어내 봐요! 이 밤이 끝나면 우리들을 억압했던 모든 것들을 토해 버립시다. 티끌도 남기지 말고 토해 버리자고요! 기타리스트! 멋지게 연주해 줘요!

기타리스트: 여부가 있겠습니까. 사막도시를 흔들어 놓을 수 있는 우리 음악이 있고말고요! 자, 아리랑이 나갑니다!

(차 선생이 조명이 강열하게 꽂히고 있는 플로어를 힐끗 보더니 신 교수를 이끌고 나가 춤을 청하고 김영필도 우 교수와 광적인 춤을 춘다.)

(암전)

#장면 6: 신 교수 독백
(파티에 쓸 돼지고기와 야채 비닐봉지를 탁자에 내던지며 분을 삭이지 못해 허공에 삿대질을 한다)

아니, 지가 하버드를 졸업했다고 이 따위로 행동하는 거야? 얼마나 잘 났다고 나에게 바람을 맞히는 거냐고! 약속을 했으면 시간을 지켜야 할 거 아냐! 파티에 쓸 돼지고기와 야채를 사려고 아침 일찍 시장을 뒤집고 다녔는데 무슨 꼴이냐고! 자기 집에서 파티하자고 지 입으로 제안을 해 놓고 어떻게 대문 앞에 날 삼십분을 세워 둘 수 있다는 건가! 문제가 생겼으면 전화라도 해 주는 것이 예의가 아니겠어. 연락도 없이 문을 안 열어 주는 경우가 어디 있냐 말이야.

(탁자를 손으로 내리친다)

그러면 그렇지. 내 주제에 무슨 파티를 하겠다고 설쳤던 거야! 참 꼴좋구나! 젊은 친구에게 이렇게 무시를 당하다니. 도대체 그 친구들하고 무슨 파티를 하겠다고 흥분을 한 걸까. 이건 속창아리를 다 내주고 뺨 맞는 격이지!
젊은 친구라도 가까이해서 외로움을 달래려고 했더니 잘못 생각한 거야. 그 친구에게 무슨 인간적인 대접을 받겠다고 나섰냐고? 역시 난 항상 혼자였고 앞으로도 혼자 살아갈 수밖에 없어. 내 인생에 잘 되는 일이 한 번이라도 있었나. 재수 없는 년은 엎어져도 코가 깨진다고 하더니 빈말이 아니었어.

(더욱 히스테리가 상승하면서)

우 선생은 김영필과 교회에 가더니 시간이 다 돼 가는데 연락도 없군. 지금 무슨 일이 벌어졌는지 걱정도 안 하고 희희낙락하겠지. 나 이가 든 나는 이렇게 파티를 돕겠다고 생고생을 했는데 말이야. 김 교수하고 교회 예배를 가서 자기들만 마음의 평화를 얻겠단 말이야? 그건 공평하지 않아. 말도 안 되는 개수작이지. 난 눈꼴이 시어서 그년이 좋아하는 꼴을 볼 수 없어. 문자라도 날려서 기분을 잡치게 만들어야 속이 시원해질 것 같아.

(핸드폰에 문자를 넣고 툭 보낸다)

자, 문자 폭탄이라도 한 방 맞아 보라지. 이걸 맞고 비틀거리지 않을 수 없겠지. 이것이 언어폭력이라고 해도 좋아. 내가 고통을 받은 만큼 너도 고통을 받아야 시원해질 것 같거든. 이것이 심술이라고 해도 할 수 없어. 난 남에게 빚지고 못 사는 사람이야. 미친년이라고 욕해도 감수할 거야.

(마치 앞에 우 선생이 있는 듯 착각을 일으키며)
우 선생, 네가 나보다 젊다고 나를 우습게 보면 이렇게 공격을 받는 거야. 어때, 맛이 어때? 어떠냐고? 파티는 물 건너가는 거야. 이방인들이 모여서 파티를 한다고 아무리 법석을 떨어도 결국 이방인이라고. 그저 슬픈 파티가 될 뿐이야! (소리를 지르다 쓰러진다)

(암전)

#장면 7: 파티 직전의 복병

(드디어 파티가 열리는 날이다. 오전에 일요일마다 참석해 온 고려인 교회 예배를 마치고 점심식사를 한 후 시간이 남은 김영필은 우 선생과 함께 걸어서 파티 장소로 가기 위해 교회 정문 앞으로 나온다.)

우 교수: 예배를 마치고 급하게 점심을 먹었더니 더부룩하고 소화가 안 돼 함께 걷고 싶네요. 아마 신 선생은 파티에 쓸 돼지고기와 채소를 재래시장에서 구매해서 크리스틴 집으로 가고 있을 거예요.

김영필: 이제 우 선생과 함께 교회에서 귀가하며 커피를 마시고 잡담하는 기회도 마지막이 될 것 같군요. 우리는 파티가 끝나면 러시아로 떠나니 말입니다.

우 교수: 사실 이방인으로서 대화할 상대가 마땅하지 않아 선생님과 산책을 하며 소소한 주제에 대해서 의견을 주고받는 즐거움이 컸어요. 오십대 여자가 교수 노릇을 하겠다고 가족을 두고 삭막한 도시에서 생활하는 것이 몹시 힘들었어요. 그동안 저의 고민을 들어주고 위로를 해 주셔서 너무 고마웠어요.

김영필: 별말씀을 하시네요. 저를 이 고려인 교회로 안내해 주셨잖아요. 저도 외로워 적막강산이었는데 우 선생과 대화하는

것이 많은 도움이 되었죠. 그런데 한국으로 돌아가면 교수직을 그만두어야 하는데 괜찮겠어요? 다시 백수가 되어야 하는데 말이에요.

우 교수: 그럼요. 교수 생활은 이 정도면 충분해요. 저는 학부에서 영문학을 공부했지만 다른 현대 여성들과는 달리 부모님이 정해 준 남편과 서둘러 결혼을 했거든요. 집안 살림을 돕는다는 목적으로 강남에서 일약 일류강사로 큰돈도 벌었고요. 하지만 공부에 대한 미련을 버릴 수 없어 민속학 석박사 과정을 마치고 박사학위를 취득했죠. 공부한 보람을 찾아 꼭 교수가 되고 싶었어요. 그런데 이 대학과 가까운 박 교수님을 만나 한국학과에 추천을 받은 거예요.

김영필: (우 교수의 선택이 의외라는 듯) 민속학 전공이면 국내에서 자리를 잡아야 하지 않아요?

우 교수: 하지만 요즘 민속학이란 전공은 대학에서 전임교수 자리를 잡기에 쉽지 않아요. 박사학위를 소지한 사람이면 누구나 대학에서 가르치고 싶어 하죠. 그래서 중학생인 아들을 돌보아야 하는 상황이었지만 뿌리치고 나온 거예요. 엄마로서 미안할 뿐이죠. 이제 돌아가서 고등학교에 진학할 아들을 위해 살려고 해요.

(핸드폰에 온 문자를 읽고는 심상치 않은 표정을 짓는다) 신 교수님이 크리스틴과 약속한 시간에 맞추어 재래시장과 몰에 가서 파티에 쓸 식자재를 사왔는데 문이 닫혀 있다고 화를 내고 있네요. 저보고 빨리 연락해 보라는 거예요.

김영필: 무슨 사정이 있는 것 같은데 주변의 커피숍에서 잠깐 기다리라고 하시죠.

우 교수: 신 교수님의 성격이 불화산이라는 걸 몰라서 하시는 말씀이에요. 약속시간을 조금이라도 어기면 바로 폭발하거든요. 하여튼 그렇게 문자를 보낼게요.
(잠시 멈춰서 문자를 보낸다) 그러면 그렇지! 이렇게 나올 줄 알았다니까요! 자세한 설명도 없이 "네가 크리스틴의 대변인이냐"라고 거친 문자가 날아왔네요. 약속을 지키지 않는 작자와 파티를 할 생각이 없으니 자신이 사 온 돼지고기와 야채를 가져가라는 최후통첩도 곁들이면서요!

김영필: 신 선생의 태도는 같은 교수로서 너무 무례하군요. 하지만 역으로 무엇이 그녀에게 그런 언행을 할 수 있도록 만들었는지 생각해야 합니다. 내 생각에는 우 선생이 신 선생에게 속마음을 너무 많이 노출시킨 것이 아닌가 싶어요. 가능하면 속내를 너무 노출시키지 않는 게 현명하겠네요.

우 선생: 이방인들은 속마음을 털어놓을 사람이 너무 없어서 힘들어요. 그래서 마음이 답답할 때 지기들에게 쉽게 노출할 수밖에 없어요. 그걸 털어놓지 않으면 미칠 것 같거든요. 치맥을 같이 즐기면서 이런저런 이야기를 했죠. 관계가 좋을 때는 그게 약점이 되지 않았어요. 그런데 이렇게 상황이 악화되면 그걸 무기로 삼아 쉽게 공격의 대상으로 삼는군요.

김영필: 술을 마시면서 들은 우 선생의 프라이버시를 이용해서 지금 이렇게 함부로 대한다는 겁니까? 이방인들은 외로워서 동료들에게 동병상련을 기대하고 자신의 문제를 모두 털어놓고 싶어 하죠. 물론 서로 위로하고 다독여 주는 것은 고독을 치유하는 데 도움이 되는 건 맞아요. 하지만 균형을 이루지 못하고 일방적인 토로가 되어서는 안 됩니다. 어떤 때는 오월동주처럼 생각이 달라도 약자의 말을 수용하는 것처럼 보이겠죠. 그러나 상황이 달라지면 상대방의 약점을 경멸할 수도 있거든요. 그래서 지금처럼 누군가에게 분노를 터뜨리고 싶을 때 그의 목표물이 될 수 있어요.

우 교수: 사실 저는 원래 방콕 스타일이라 밖으로 거의 나다니는 성격이 아니에요. 그래서 말도 거의 하지 않아요. 그런데 이곳에서 이방인으로 생활하면서 한국학과 문제를 해결하려고 말을 많이 하게 된 것 같아요. 학과 책임자로서 주류사회의 협조를 얻어야 하고요. 게다가 생각이 다른 교수들

을 설득하거나 논쟁하다 보니 그렇게 되었을 뿐이에요. 사실 신 선생님이 왜 나에게 이러시는지 이해할 수가 없어요. (슬픈 표정을 지으며) 저는 잘하고 싶은데 왜 이런 일이 계속 일어나는지 모르겠다고요!

김영필: (우 교수의 마음의 상처를 이해한다는 듯) 아무리 기분이 나쁘더라도 한 학기 내내 준비해 온 파티는 성공시켜야 합니다. 신 교수가 마음을 바꿔서 파티에 오도록 힘을 써야죠. 일단 우 선생이 참아야 해요. 일단 크리스틴이 상황을 정리하도록 연락해 봅시다.

우 교수: 너무 속상하고 화가 나요. 무엇 때문에 크리스틴의 집에 들어갈 수 없었는지 모르지만 왜 저에게 잔인한 말을 함부로 하는지 알 수 없어요. 오늘은 참을 수 없어요. 단단히 따지고 싶어요. 여하튼 식자재는 신 교수 방 문고리에 걸어 놓았다니 그걸 차 선생에게 전달해야겠네요. 일단 빨리 가보죠. 차 선생님을 생각해서라도 파티는 지장이 없어야 할 텐데 걱정이에요!

(두 사람이 서둘러 무대에서 퇴장한다.)

(암전)

#장면 8: 이방인들의 파티에서 일어난 극적인 반전

(김영필과 우 교수가 문고리에 걸어 놓은 신 교수의 식자재를 들고 크리스틴 집에 도착해서 들어온다. 신 교수의 불참을 어떻게 설명해야 할지 난감한 상태에서 그녀가 좀 불편하다고 말하는 순간 크리스틴의 표정이 애매해지면서 신 교수의 도착을 설명한다.)

크리스틴: 신 선생님은 벌써 오셨어요. 모두 제 불찰이에요. 아스타나 방송국 인터뷰가 갑자기 생겨서 문제가 생겼어요. 집에서 인터뷰 녹화중이라 바로 문을 못 열어 드렸거든요. 저 때문에 집 밖에서 오래 기다리셔서 화가 나셨어요. 신 선생님께 사과하고 오시라고 부탁을 드렸더니 택시를 타고 바로 오신 거죠.

김영필: (어안이 벙벙하여) 아, 그렇게 됐군요. 오실 수 없는 줄 알았는데 다행이네요. 순식간에 마지막 파티는 비극에서 희극으로 다시 반전되었네요, 하하!

우 교수: 우리가 걸어오는 동안 택시를 타고 먼저 오셨군요. 천만다행이에요. 파티가 제대로 열리게 됐으니까요. 지금부터는 셰프이신 차 선생님의 시간이군요. 요리의 이론과 실제가 만나는 기적의 시간이라고요. 호호!

크리스틴: (안도의 한숨을 쉬며) 그래서 바로 위기가 바로 기회라고 말하는 걸까요? 신 교수님께 너무 죄송해서 숨이 막힐 것 같았어요. 막혔던 혈관에 피가 비로소 돌아가는군요! 저의 집이니 편하게 생각하세요. 요리에 익숙한 차 선생님이 지휘관으로 신바람이 나게 진두지휘하시면 우리 모두 도울게요.

신 교수: 제가 성질이 좀 급해서 미안하게 됐어요. 화산처럼 한 번 폭발하면 주워 담지 못해요. 하여튼 제가 약속한 식자재를 공급했으니 요리가 완성되기를 기다릴게요.

김영필: 저도 요리에는 젬병이니 신 교수님과 밀린 이야기나 하고 있겠습니다. 제가 움직이면 오히려 차 선생에게 걸리적거릴 것 같군요.

차 선생: 일하기 싫으니까 별 핑계를 다 대는군. 그래, 김 교수 자네는 원래 배짱이과니까 오늘은 입담으로 신 교수님의 마음을 풀어 드리게나.

김영필: 내일 떠나는 러시아 여행은 신 교수님의 도움이 없었으면 무척 힘들었을 겁니다. 이건 결코 신 교수님의 마음을 풀어 드리려는 괜한 신소리가 아니에요. 사실 외국인이 카작에서 장거리 철도 좌석표 구매가 무척 어려워요. 게다가 카작어

나 러시아어를 모르면 답답하기 짝이 없죠. 역무원들이 영어나 한국어를 전혀 모르거든요. 철도회사에서 통역의 도움 받아 이중의 과정을 거쳐 구매해야 하는 구조이거든요. 신 교수님이 오랜 시간 인터넷 검색으로 구매해 주셔서 침대칸 아래쪽 좌석을 살 수 있었단 말입니다.

신 교수: 그걸 고맙게 생각하신다니 다행이네요. 사실 마지막 파티 분위기를 깼다고 자책하면서 마음이 무거웠어요. 김 교수님이 기분을 풀어 주시니 술을 한잔 하고 싶군요.

(김영필과 신 교수가 담소를 하는 동안 거실 쪽이 어두워지고 주방 쪽에 스포트라이트가 비치면서 차 선생, 우 선생, 크리스틴이 신나는 음악에 맞추어 바삐 음식 준비를 하는 모습이 보인다.)

차 선생: (거실 쪽의 조명이 환해지면서 요리 접시를 들고 들어오며 신 교수의 밝아진 얼굴을 보며 안도하며) 자, 맛있는 파스타와 수육이 완성되었습니다. 그럼 다 함께 잔을 들고 건배합시다. 우리들의 멋진 파티를 위하여!

모두: (소리를 높여) 파티를 위하여!

크리스틴: 아, 차 선생님의 요리 솜씨가 빈말이 아니었네요. 이태리 파스타는 저리 가라예요.

우 선생: 수육도 풍부한 육즙이 새우젓과 어울려 입에서 살살 녹아요. 제가 요리를 못하니 멋진 셰프에게 존경심이 저절로 샘솟는군요. 여러분, 마지막 파티를 위해 정성을 다한 셰프를 위하여 다시 한 번 건배해요! 위대한 셰프를 위하여!

모두: 위대한 셰프를 위하여!

신 교수: 여러분, 파티 분위기에는 어울리지 않지만 드릴 말이 있어요. 오늘 파티에 어울리지 않게 화를 낸 저의 무례가 자꾸 마음에 걸리네요. 오늘 오전에 대외협력처장에게 전화가 왔었어요. 너무 충격적이어서 마음을 다스릴 수 없었죠. 당연히 연장되리라고 믿었던 한국학과 교수 재계약이 불투명해졌다는 거예요. 미래에 대한 저의 계획이 완전히 어긋나는 순간이었어요.

김영필: 그 이유가 뭐라고 하던가요?

신 교수: 말도 되지 않는 이유예요. 학생들이 대학 본부와 알마티 교육원에 투서를 쓴 거 같아요. 수업시간에 충실하지 못한 학생들에게 심하게 야단친 일이 두어 번 있었거든요. 싸가지가 없는 놈들이 선생에게 보복한 거예요. 그들의 미래를 위해서 조금이라도 더 가르치려던 열정이 오히려 독이 되어 버린 결과가 되었군요.

(우 선생을 힐끗 보고) 우 선생이 좀 도와주면 될 것 같아 신경도 안 썼죠. 그런데 제가 어리석게도 상황을 제대로 분석하지도 못하고 분노의 화살을 우 선생에게 돌린 격이 되었어요. (절망을 이기지 못하고 얼굴을 감싼다.)

우 교수: 제가 한국으로 돌아가는 마당에 신 교수님이라도 남아서 한국학과를 이끌어 가셔야 연속성이 있을 텐데 참 안타깝네요. 얼마 전에 학생들에게 화를 내거나 폭언을 하는 게 문제가 있다고 말씀드렸잖아요. 저도 언뜻 신 교수님에 대해 들리는 이야기가 있어서 귀띔을 해 드린 거라고요. 그런데 신 교수님이 강하게 간섭하지 말라고 잘라 버리셔서 입을 다물었죠. 이전부터 한 번쯤 말씀드리고 싶었지만 너무 강한 반응이 두려워서 차마 말을 꺼내지 못했는데 오늘은 솔직하게 저의 의견을 드러내야겠어요. 그걸 못하면 신 교수님과 영원히 나쁜 기억만 가질 것 같아서요. 이제 떠나는 마당에 신 교수님과 진정한 이해와 존중을 받고 싶습니다. (연약하고 우유부단한 이미지를 벗어던지고 결연한 표정을 지으며 신 교수를 바라본다.)

신 교수: (우 교수의 단호한 태도에 놀란 표정을 지으며) 아니, 내가 가끔 화를 냈지만 우 선생을 무시한 적이 있었나요? 단지 불같은 성질을 다스리지 못해서 그랬지.

우 교수: (더욱 공격적으로 나서며) 물론 신 교수님이 저보다 연장자이시지만 저도 엄연한 교수이고, 두 자식들의 엄마입니다. 저에게도 저의 의견을 존중받을 수 있는 인권과 교권을 가진 사람이라고요. 너무 외로워서 불리한 저의 사적 이야기를 들었다고 해서 모욕적인 말을 함부로 해도 되는 것은 아니죠. 저는 신 교수님의 말 폭탄의 파편에 맞아서 카작의 기나긴 밤을 보드카를 마시며 보낸 적이 한두 번이 아니거든요. 이방인 교수로서 이런 오지에서 교수를 한다고 해서 최소한의 권리를 무시당해도 된다고 생각하지 않아요. 오늘은 신 교수님의 말 폭탄으로 받은 상처에 대해서 최소한의 사과를 받고 싶습니다.

신 교수: (이전의 자신감을 상실한 채) 모두 뿔뿔이 흩어지는 마당에 조금 늦었지만 내 말 폭탄으로 우 선생이 받은 마음의 상처에 대해 미안하게 생각해요. 아무리 연하라도 말 폭탄에 대한 우 선생의 충고를 선하게 수용했다면 재계약 무산과 같은 불미스런 결과도 없었을 텐데 말이오. 파티가 끝나가는 시간에 어려운 말을 꺼내 주어 차라리 속이 시원해졌어요. 헤어지더라도 좋은 기억만 간직해 주세요. 김 교수님과 차 선생님도 멋진 러시아 여행하시고요. 모두 건강하시길 바라요.

크리스틴: (무거운 분위기를 바꾸려고 애쓰며) 저도 이번 학기로 여기를 떠납니다. 다른 오지로 가서 가르치라는 공문을 받았어요. 어차피 우리는 언젠가는 떠나야 하는 이방인이었어요. 저는 오지에 있는 대학만을 찾아서 가르치고 떠나는 생활을 반복했답니다. 이방인은 그저 잠깐 머무는 사람일 뿐이에요. 이곳 사람들이 떠나라고 했다고 슬퍼하지 마세요. 다른 곳으로 가서 다른 사람들과 어울려 살면 되니까요. 다만 여기를 떠나야 하는 이방인들끼리는 좋은 추억을 가지면 좋겠어요.

우 교수: 모두 삭막한 도시에서 맡았던 각자의 임기를 마치고 고국이나 다른 타향으로 떠나가야 할 시간이 다가오네요. 학과의 코디네이터를 맡았지만 별로 도움이 되지 못해 미안했어요. 하지만 저도 가족을 떠나 홀로 살면서 누군가를 도와주기는커녕 제 몸 하나 추스르기도 힘들었거든요. 그래서 불면의 밤이 오면 독한 보드카를 마시면서 지독한 고독과 밤새 씨름을 했죠. (신 교수의 손을 잡으며) 신 교수님이 오셔서 연장자이시기에 언니처럼 기대고 싶었어요. 신 교수님과 치맥을 즐기면서 가졌던 따뜻한 동지애만 간직할게요. 신 교수님의 재계약건은 정말 유감이에요. 제가 해결할 수 없어 도움을 드리지 못하니 말입니다.

신 교수: (멋쩍어하며) 성질이 못되어서 그랬지만 우 교수에게 어떤 악의는 없었어요. 이제 다 잊어버려요.

우 교수: (김영필과 차 선생을 바라보며) 그래도 마지막에 김영필 교수님과 차 선생님이 오셔서 불금 파티와 마지막 파티를 마련해 주셔서 많은 위안이 되었군요. 파티의 따뜻함으로 삭막한 바람을 막아 주셔서 고마워요. 끝까지 위기로 휘청거렸지만요.

김영필: 그동안 크즐오르다의 혹독한 고독을 견디게 해 주어 고마웠어요.

우 교수: (창문 밖으로 비치는 달빛을 쳐다보며) 마음을 둘 곳 없는 이방인으로서 저 달빛은 언제나 변함없는 친구였어요. 사막지역이라서 그런지 청천하늘에 뜬 저 달은 마치 고향의 어머니처럼 슬픈 저의 어깨를 항상 도닥거려 주었으니까요. 이제 서로 헤어지지만 저 달빛처럼 마음의 끈을 유지해 나가기로 해요. 저 달빛을 바라볼 때마다 어려울 때 서로 기대었던 여러분들의 마음을 기억할게요. 그럼 이른 새벽에 출발하는 러시아 여행을 떠나시는 두 분께 지금 작별의 인사를 드려요. 돌아오시면 서울에서 만나요. 안녕히 가세요! (서로가 손을 흔들며 헤어지며 막이 내린다.)

박정근
- 소설가, 문학박사
- 소설집:『파미르 가는 길』,『다시 부르는 자유의 노래』 / 희곡:『서울의 맥베스』
- 대진대 영문과 교수 역임
- 『황야문학』 발행인

소설

침/고동현

　아버지는 무서운 사람이 되었다. 이제 마을에서 아버지를 함부로 쳐다보는 사람은 없었다. 아버지의 눈에는 바라보는 사람을 스스로 주눅 들게 하는 흐린 빛이 녹아 있었다. 속마음을 읽어 내기 어려운 눈빛이었다.
　중국에서 한국으로 이주한 뒤 고향을 그리는 눈빛으로 보이지만은 않았다. 아버지는 중국으로부터의 이민자, 한국 이주자였고, 나는 어머니가 한국인인 혼혈인이었다. 나는 어머니에 대한 기억은 차가움밖에 없었다. 어머니는 어디로 갔는지, 포말처럼 사라져 있었다.
　아버지는 방파제 앞에서 바다를 바라보고 있었다. 나는 옆에서 아버지의 눈에 고이는 난해한 빛을 지켜보았다. 아버지는 침을 뱉었다. 침이 바람에 날리더니 수면 위에 떨어졌다. 꾸역꾸역 밀려드는 잔물결은 거품을 한 움큼씩 토해 냈다. 아버지가 뱉은 침이 거품 속에서 사라졌다. 저 거품은 얼마나 깊은 바닷속에서 솟아올랐을까. 어둠이 한 겹씩 쌓이자, 바닷물은 탁한 빛을 띠었다. 달아오른 가로등 불빛이 물결 위에 일렁이기 시작했다.
　"가자."
　아버지는 짧게 내뱉으며 등을 돌렸다. 나는 주춤거리다가 아버지를 뒤따랐다. 늦겨울의 바람이 머리카락 속을 헤집었다. 그럴 때마다 머리끝이 빳빳해지며 오한이 일었다. 방파제를 따라 걷는 동안 나는 아버지의 세계로 다시 입장하는 기분이었다.

　방파제가 끝나는 곳에서 어선 한 척이 미끄러져 나가고 있었다. 광호네 배였다. 아버지가 출소하기 전까지 나도 그 배에서 오징어를 잡았다. 광호는 중학교를 채 마치지 않고 배를 타기 시작했다. 어촌에서 흔히 볼 수 있는 경우지만, 나는 그가 부러웠다. 고등학교에 진학한 친구들이 가끔 그를 놀렸는데, 나는 그들이 어리석다고 생각했다. 광호는 누구보다도 멋진 어른이 되었다.

　나를 본 광호는 손을 흔들었다. 그러다가 황급히 손을 내리며 고개를 숙였다. 아버지와 눈이 마주친 모양이었다. 나는 아버지 등을 향해 말했다.

　"아버지, 저는 어부가 되렵니다."

　아버지는 제자리에 멈췄다. 고개를 조금 돌리고는 정박해 있는 어선들을 바라보았다.

　"한눈팔지 마. 돌아보지도 마. 네 앞에 있는 길로만 걷는 게다."

　아버지는 다시 내 손을 잡았다. 나는 뿌리치려 했다. 그러자 아버지는 날카롭게 눈을 번뜩였다. 아버지가 잡혀가기 전에 보였던 눈빛이었다. 돌아온 뒤로 그런 눈빛을 띠는 것은 처음이었다.

　"어머니는요?"

　나는 참지 못해 말했다. 마을 사람들은 쉬쉬거리면서도 말했다. 아버지가 어머니를 죽게 한 장본인이라고. 아버지는 일그러뜨린 입술을 달싹였다. 네가 감히, 어떻게 내 시술을 의심하느냐, 하고 말하려는 듯했다. 그러나 아버지는 거칠게 내 팔을 쥐고 끌 뿐이었다. 나는 팔꿈치와 복숭아뼈에 이는 통증을 의식했다. 한 달 전부터 생겼는데, 좀체 가라앉지 않았다. 아버지에게 말하지는 않았다.

그때 내 나이 겨우 열아홉이었다. 삶이라는 짧지 않은 여정을 긴 호흡과 진지한 태도로 바라볼 성숙함을 갖기 전이었다.

집에 이르렀을 때는 땅거미도 사라진 밤이었다. 어제 내린 비로 판자가 아직 젖어 있었다. 아버지는 라이터로 촛불을 붙였다. 아버지가 교도소에 들어간 뒤로 이 집에 전기가 들어온 적은 없었다. 나는 주로 밤에 출항하는 오징어잡이 배를 탔던 터라 전기가 필요하지는 않았다.

아버지는 슈퍼마켓에서 산 소주병을 땄다. 대접이 차오를 때까지 가득 따르고는 벌컥벌컥 들이켰다. 아버지의 얼굴이 달아오를수록 그의 떨리는 손이 진정되었다. 소주 세 병이 순식간에 비워졌다. 두 달이 넘도록 아버지는 그렇게 술을 마셨다. 아버지는 외투에 손을 넣어 침통(鍼筒)을 꺼냈다. 상아로 만든 원통이었다. 그것에 새겨진 문양은 거의 알아볼 수 없을 정도였다. 겉이 생채기투성이고 빛깔을 잃었기에 마치 유물처럼 보였다. 아버지는 상의를 벗었다. 장침을 꺼내 복부에 꽂더니 시계 반대 방향으로 돌리며 밀어 넣었다. 다시 서너 개의 굵은 침을 뽑아 들어 정수리 부근에 차례로 꽂았다. 십여 분이 흘렀을까. 아버지가 손짓했다. 침을 빼는 일은 언제나 내 몫이었다. 아버지를 따라다니기 시작한 열 살 때부터의 일이었다.

침술사인 아버지는 그저 '마 씨'라고만 불렸다. 사람들은 아버지를 화교 출신, 뙤놈이라며 수군거렸다. 제대로 된 공교육도 못 받은 사람이라고 했다. 그런데도 아버지의 침은 아픈 이에게 잘 들었다. 특히 원인 모를 통증으로 고생하는 사람들은 아버지의 침술을 칭찬했다. 이 어촌에 의사라곤 없었다. 다치거나 병이 들면 줄곧 아버지를 찾아 몸을 맡겼다. 아버지는 장침으로 그들의 몸 구석구석을 찔렀다. 깊숙이 빨려 들어가는 침을 볼 때마다 내 입은 바싹 말랐다. 물론 아버지가 침을 놓는 것은 불법이었다. 자격증 따위는 없었다.

나는 아버지를 따라 여러 어촌을 떠돌아다녀야 했다. 그런데 아버지는 고기잡이는커녕 미역조차 따 본 적이 없었다. 내게 그런 일을 시키지도 않았다. 오로지 침을 놓거나 뜸을 뜨는 일이 전부였다. 남는 시간에는 『황제내경(黃帝內經)』을 반복해서 읽었다. 표지가 찢겨 나가고 모든 장이 너덜너덜한 책이었다. 중국 의학서 중 으뜸이라는 그 책은 나 역시 지겹도록 익혀야 했다.

머리에 꽂혔던 침을 빼자, 피가 흘러나왔다. 나는 소독 솜을 꺼내 그 부위에 대고 눌렀다. 소량의 피라 할지라도 출혈은 언제나 나를 긴장시켰다. 피가 흐른 곳은 백회(百會)라고 불리는 혈 자리였다. 아버지는 이곳 혈을 중시했다. 천지의 기운과 소통하는 곳인데, 결국 인간의 모든 기운은 천지로부터 빌려온 것이라고 했다. 아버지는 한동안 가부좌 자세로 앉아 있다가 황제내경을 꺼내 들었다. 내 앞에 책이 놓였다.

"이제 네가 해야 한다. 나는 글렀다 이렇게 손이 떨리니 말이다."

나는 책을 노려보며 어떻게 말해야 할지 궁리했다. 책 속에 담긴 무거운 내용이 내가 가진 선택의 갈래를 짓누르고 있었다.

"다른 마을로 떠나는 건가요?"

"아니. 곧 서울에서 멀리 떨어진 공단으로 간다. 그곳에 중국인이 많이 살고 있다더구나."

"아버지, 저는……."

"닥쳐. 내가 없는 동안 배를 탄 건 어쩔 수 없는 일이었지. 하지만 더는 안 돼."

나는 고개를 숙이고 책에 손을 대었다. 무거워진 마음이 손끝까지 이어졌다. 마당에 나가 하늘을 보았다. 촘촘하게 별이 박힌 밤하늘이 나를 가두는 그물망처럼 보였다.

이튿날, 아버지는 정오가 넘도록 일어나지 못했다. 홑이불 속에 웅크려 땀을 뻘뻘 흘렸다. 평소 감기조차 앓아 본 적 없는 아버지가 몸에 열이 끓기는 처음이었다. 내가 물수건을 준비하자, 아버지는 뿌리치며 자신의 침통을 건넸다. 나는 어쩔 수 없이 침통을 열었다. 아직 타인에게 침을 놓아 본 적은 없었다. 하지만 증상에 따른 혈 자리는 이미 익혀 왔던 터였다. 숨을 가다듬고 아버지의 맥부터 짚었다. 아버지는 대뜸 내 손을 쥐고 코에 가져가 냄새를 맡았다.

"담배는 안 된다고 했지."

아버지는 역정을 냈다. 아버지 앞에서는 피우지 않았지만, 광호에게 종종 얻어 피우던 터였다.

"손이 니코틴에 절기 시작하면 감각이 무뎌져. 오직 손끝으로 기의 흐름을 읽어야 하는 우리에게는 금기라 하지 않았느냐."

나는 방에서 빠져나와 세수간으로 갔다. 비누로 거품을 내어 박박 여러 번 손을 씻었다. 방에 돌아오자, 아버지가 일어나 앉아 있었다. 눈을 반쯤 감고 시선을 바닥에 내리깐 채 나더러 앞에 앉으라고 손짓했다.

"침을 놓는다는 것은 화살을 과녁에 맞히는 것과 같다. 과녁의 한

가운데를 정확히 노려야 한다. 혈 자리다 싶은 판단이 서면 정확하고 날렵하게 찔러라. 항상 말했듯이 성공은 과감함의 근처에 머무는 것이다."

아버지는 다시 자리에 누웠다. 나는 아버지 몸에 침을 하나씩 꽂기 시작했다. 그러나 세 번째 침을 놓기도 전에 이마에서 땀이 흘렀다. 사람의 피부에 작은 구멍을 내는 일. 내가 이것에 익숙해질 수 있을까. 통증 탓에 팔꿈치가 완전히 구부려지지 않았다. 나는 아버지가 눈치채지 못하게 메마른 표정을 지었다.

침을 맞고 난 아버지는 곤히 잠들었다. 나는 밖으로 나왔다. 거뭇거뭇한 구름이 금방이라도 비를 뿌려 댈 것 같았다. 선창(船艙)을 향해 걸었다. 거칠게 부는 바람이 제법 큰 파도를 밀어 나르고 있었다. 어선들은 밧줄에 매인 채 서로 맞부딪히며 출렁거렸다. 광호네 배도 그 속에 섞여 있었다. 이 마을에서 유일한 오징어잡이 배였다. 밤하늘을 가르며 뻗어 나가는 그 배의 등불들이 나는 좋았다. 낚싯줄을 끌어 올릴 때면 사람들은 분주해졌다. 주렁주렁 매달린 등불 아래 펄떡펄떡 뛰며 물을 내뿜는 오징어들. 사람들의 입에 미소가 걸리는 그 순간이면 어선은 작은 야시장으로 변하는 것이었다. 그제야 내 삶이 걸쭉하게 흐르는 걸 느낄 수 있었다. 삶이 누릴 수 있는 모든 환희가 그것으로 끝이어도 좋았다.

나는 손을 펼쳐 손바닥을 들여다보았다. 군데군데 박였던 굳은살은 거의 보이지 않았다. 아버지는 굳은살이 사라질 때까지 아무 일도 하지 못하게 했다.

선창 주위에는 몇몇 사람들이 쭈그려 앉아 있었다. 날씨 탓에 출항하지 못한 어부들이었다. 그들은 소라 껍데기가 달린 밧줄을 살피고 있었다. 방파제에는 낚시꾼이 한 명도 없었다. 평일에도 사람들이 끊이지 않는 곳인데, 날씨가 궂었다.

발길을 돌려 마을 끝에 있는 갯바위로 향했다. 이렇게 물살이 센 날이면 광호는 언제나 그곳에 농어를 낚으러 갔다. 오늘은 바람이 심해서 낚시가 될지 의문이었다. 그러나 어김없이 광호가 나와 있었다.

광호는 사람들이 아버지와 나를 업신여기는 모습을 싫어했다. 모두가 나에 대해 관심을 가지지 않을 때 유일하게 다가온 친구다.

광호는 내가 다가서는 것도 알아차리지 못하고 낚시에 열중이었다. 나는 그의 뒤에 서서 말했다.

"잡았냐?"

"어? 너 왔구나. 글쎄, 영…….."

"바람이 불어서."

"응. 바람이 부네."

광호는 릴을 감아 바늘이 낚싯대 끝에 오게 한 다음 담배를 꺼냈다. 한 대를 뽑아 입에 물고 내게도 내밀었지만, 나는 손을 저었다. 광호는 굵은 눈썹을 올렸다 내리며 손을 거뒀다. 그의 입에서 뿜어 나온 연기가 순식간에 바람 속으로 흩어졌다. 그가 물었다.

"이제 그 일 하는 거냐?"

나는 말없이 고개를 끄덕였다. 그는 담배를 연달아 두 번 빨고는 말을 이었다.

"그 일도 나쁘진 않을 것 같아."

어머니 사건만 아니었으면 그럴지도 모르지. 나는 속으로 생각하며 그의 낚싯대를 쥐었다. 낚싯대의 탄력을 이용해 추를 힘껏 던졌다. 작은 거품을 일으키며 추가 가라앉았다. 릴에 감겨 있던 줄은 한참 동안 풀려 나갔다. 광호가 담배를 다 피우기 전에 입질이 왔다. 너무 미세했기에 나는 그냥 무시하려 했다. 그러자 광호가 낚싯대를 가로채며 릴을 감았다. 쥐노래미였다. 제기랄, 삼켰잖아. 광호는 물고기를 한 손으로 잡고 바늘을 빼냈다. 깊숙이 박혔는지 아가미에서 피가 흘렀다. 물고기는 입에 피를 문 채로 바다에 던져졌다. 바람이 더 매섭게 불기 시작했다. 광호는 낚싯대를 접고 장비를 챙겼다. 우리는 선창까지 돌아와 헤어졌다.

아버지는 외출 준비를 하고 있었다. 아직 얼굴이 핼쑥한데도 굳이 나가겠다고 했다. 뜸 기구까지 챙기는 거로 봐서 또 거기에 가려는 것 같았다. 나는 아버지의 가방을 들고 따라나서야 했다. 아버지는 해변을 가로질러 소나무 숲을 향했다. 그곳에 사는 사람은 이 씨 할아범뿐이었다. 두 해 전에 풍을 맞아 반신불수가 된 노인이었다. 아버지는 정말 이 노인을 고쳐 보기라도 할 셈일까. 아버지 말에 따르면 풍은 가장 낫기 어려운 병이었다. 다행히 그 노인은 아버지와 관련한 사건을 모르고 있었다. 마을 인과 담을 쌓고 지내는 사람이었다.
노인은 입술의 반쪽을 실룩거리며 우리를 맞아 주었다. 아버지는 곧장 도구를 펼쳤다. 노인의 맥을 짚고 한동안 눈을 감았다. 아버지도, 노인도 손을 떨고 있었다. 아버지는 먼저 다리 쪽의 혈을 찾기 시작했다. 그는 항상 혈 자리를 찾는 데에 공을 들였다. 어제 침을 놓은 자리가 빨갛게 부풀어 있어도 다시 한번 혈을 확인했다. 그러나 침을 놓을 차례가 되면 재봉질 하듯 빠르게 움직였다. 그 떨리는 손으로 한 치 어긋남 없이.

혈 자리에 침을 모두 꽂은 뒤, 아버지는 삼릉침(三棱鍼)을 꺼냈다. 끝이 삼각추 모양이고 날이 세모난 침이었다. 사혈(瀉血)을 할 모양이었다. 삼릉침에 찔린 노인의 발가락에서 피가 흘러나왔다.

침을 뽑고 그 자리에 뜸을 뜨는 일은 내 몫이었다. 나는 뜸 향에 불을 붙였다. 노인은 뜸을 무척 싫어한다. 싫더라도 해야 한다. 나는 약쑥을 태우기 시작했다. 연기와 약쑥 타는 냄새가 방을 메웠다. 아버지는 짐을 챙기며 노인에게 말했다. 내일부터 내가 침을 놓을 거라는 이야기였다. 나는 아버지를 쳐다보았다. 아버지는 묵묵히 자리에서 일어났다.

소나무 숲을 빠져나와 해변을 따라 걸었다. 구름이 개고 있었지만 바람은 여전했다. 석양은 수평선에 떨어져 붉게 달아 있었다. 아버지는 메마르고 굽은 등에 붉은 햇살을 걸치고 있었다. 걸음이 불안했다. 아버지의 척추는 허물어져 가는 집에 간신히 버티고 있는 기둥 같았다. 아버지는 가끔 멈춰 서서 쇠가 갈리는 듯한 소리를 내며 기침했다. 할아범만 나으면, 하고 아버지는 말을 꺼냈다. 이곳을 뜨자.

해변이 끝나는 지점에서 나는 다리를 절었다. 아버지가 쳐다보았기에 나는 다리를 헛디딘 척했다. 사실은 복숭아뼈에 일던 통증이 심했다. 아버지는 다가와 내 바지를 걷어 올리고 살폈다. 내 발목은 부어 있었다. 아버지는 자못 심각한 표정으로 언제부터 그랬냐고 물었다. 나는 대답하지 않았다. 아버지의 눈에 번뜩이는 빛이 스쳤다.

집 앞 평상에는 박 씨 아저씨가 앉아 있었다. 마을 이장을 맡은 사람이었다. 아버지는 그를 무시하고 방에 들어가려 했다. 그러자 아저씨가 비닐봉지를 내밀었다. 술을 한잔하자는 모양이었다. 아버지는 마뜩잖은 눈으로 아저씨를 방에 들였다. 나는 평상에 남아 자리를 지켰다.

방 안에서 흘러나오는 목소리는 이내 커지기 시작했다. 아저씨는 이 씨 할아범을 두고 마을 사람들이 걱정한다는 말을 꺼냈다. 누군가 신고라도 하면 이번에는 어쩔 텐가, 하고 말하며 이 마을을 떠나 줄 수 없냐고 재차 물었다. 아버지는 이따금 기침할 뿐, 아무 말이 없었다. 잠시 침묵이 이어지더니 아저씨가 문을 열고 나왔다. 달아오른 얼굴이 일그러져 있었다. 나는 아저씨를 배웅하고 방에 들어갔다.

아버지는 정좌한 채 술을 따르고 있었다. 눈에는 쓴 기운이 서려 있었다. 잔을 비우고는 교자상 위에 탁, 하고 내려놓았다. 상을 쪼개기라도 하는 듯 날카로운 소리가 났다. 술을 마시는 모든 행위가 그렇게 내려치기 위한 절차 같았다. 이 순간, 아버지의 머릿속에는 무슨 생각이 담겨 있을까. 어머니? 어머니를 생각하기나 하는 것일까.

어머니가 죽어 가던 그날, 아버지의 눈에서 독이 뿜어져 나오는 것 같았다. 몸에서도 역한 냄새가 났다. 아버지는 평소와 달리 내게 시중을 들게 하지 않았다. 쓰러진 어머니가 있는 방을 혼자서 지켰다. 나는 조급한 마음에 여러 번 문을 두드렸다. 아버지는 나더러 물러가 조용히 있으라고만 했다. 약쑥 타는 냄새가 종일 그치지 않았다. 어머니가 끙끙 앓던 소리는 멎은 지 오래였다. 이제 신음은 아버지가 냈다. 무언가 잘못되었는지, 아니면 생각대로 되지 않는지 애가 타는 모양이었다. 어둠이 차오르도록 아버지는 방에서 나오지 않았다.

다섯 시간쯤 흘렀을까. 드문드문 내뱉던 아버지의 한숨 소리가 더는 들리지 않았다. 나는 방문 앞에 다가가 손잡이를 쥐었다. 일순간 맥이 풀리고 다리가 무거웠다. 아버지가 작게 흐느끼는 소리가 흘러나왔다. 나는 조심스레 문을 열었다. 무릎을 꿇은 아버지는 어머니의 샅에 고개를 파묻고 있었다. 하혈이 심했는지 방바닥에 피가 한가득 고여 있었다. 나는 아버지의 두 손이 부들부들 떠는 모습을 보았다. 피에 젖은 손이었다. 그 위로 어머니 얼굴이 비틀린 자세로 젖혀져 있었다. 흰자위만 드러난 눈을 크게 뜬 채였다. 벌린 입에 고인 피가 입가를 타고 흘렀다. 사혈을 했는지 손가락과 발가락에도 피가 엉겨 있었다.

어머니의 사인은 알려지지 않았다. 부검 끝에 내려진 결론은 원인불명이었다. 아버지는 구속되었다. 경찰은 불법 의료 행위와 과실치사의 죄를 물었다. 아버지는 조사받는 내내 자신의 잘못을 인정하지 않았다. 나는 아버지를 원망했다. 구급차를 부르지 않은 까닭을 이해할 수 없었다.

"무엇이 옳으냐는 중요하지 않다."

아버지는 침묵을 깨고 말을 꺼냈다. 어머니 생각에 잠긴 내 머릿속을 꿰뚫어 보기라도 한 것 같았다. 아버지는 내 앞에 잔을 놓더니 술을 따랐다. 내게 술을 권하기는 처음이었다.

"무엇을 믿느냐가 중요하지. 그게 우리 선조들이 지켜 온 철칙이다."

아버지는 선조에 대한 말을 지겹도록 해 왔다. 할아버지도, 할아버지의 아버지도 이 일을 해 왔다고 했다. 내가 물려받아야 하는 이 일의 뿌리는 대체 어디서부터 시작되었을까.

나는 술잔을 쥐었다. 광호네 배에서 몇 잔 마셔 본 적은 있지만, 무슨 맛인지는 몰랐다. 단숨에 술잔을 비웠다. 뜨끈한 기운이 식도를 타고 넘어갔다. 생각보다 맛이 썼다. 석 잔을 연속으로 비우자, 아버지가 술병을 내밀었다. 나더러 직접 따라 마시라는 뜻이었다. 잔 속 술 표면에 어머니 눈의 섬뜩한 흰자위가 떠올랐다. 나는 잔을 채우는 즉시 술을 비웠다. 팔꿈치가 아렸으나 술기운에 묻혀 갔다.

　멀리서 오토바이 소리가 났다. 소리는 굵고 우렁찼다. 또 그 패거리인가. 마을에서 저 정도 배기량을 가진 오토바이는 그 패거리만 가지고 있었다. 그들은 오토바이 한 대에 두세 명이 몸을 싣고 몰려다니며 술을 마셨다. 소리는 집 앞으로 이어지더니 굉음을 냈다. 공회전을 일으키는지 매연 냄새가 방까지 흘러들어왔다.

　— 어이, 마누라 잡아먹은 돌팔이, 다음엔 누굴 잡아먹을 거냐?

　한 녀석이 혀가 꼬인 말투로 소리쳤다.

　— 한국 사람 잡아먹으면 좋지?

　— 대한민국에서 침쟁이하지 말고 너희 오랑캐 나라에 가서나 하지.

　그들은 술만 마시면 이곳에 와서 한바탕 주사를 부렸다. 아버지는 저런 야유를 신경 쓰지 않았다. 문을 열고 나가, 자신의 눈빛을 보여주기만 해도 그들은 꼬리를 내리고 달아날 터인데.

　나는 기분이 좋지 않았다. 마지막 잔을 들이켜자, 명치에 무겁고 역한 기운이 스몄다. 마당에 뛰쳐나가 토했다. 정신을 차리고 나니 바닥에 나뒹구는 숭어 대가리 서너 개가 눈에 들어왔다. 패거리 녀석들이 던지고 간 모양이었다. 나는 또다시 토했다.

　밤새도록 깊이 잠들기 어려웠다. 의식은 내가 통제할 수 없는 곳에 머물러 있었다. 슬픈 꿈을 꾸는가 싶었는데, 그 슬픈 감정을 느낄 수 없었다. 꿈속에서 나는 먹고 또 먹었다. 잔잔한 바다 한복판에 한쪽 발을 담그고 있는 기분이었다. 나머지 발을 떼면 어두운 심해로 쏙 빠져 버릴 것 같았다. 시야에 아버지 얼굴이 들어왔다. 나는 몸을 움직일 수 없었다. 아버지는 내 눈꺼풀을 벌려 안구를 살폈다. 그러고는 맥을 짚었는데, 십 분이 넘도록 손을 떼지 않았다.

나는 온종일 누워 있었다. 아버지는 이 씨 할아범에게 가지도 않고 미음을 끓여 나를 돌보았다. 내 몸은 차갑게 식어 있었다. 팔꿈치와 발목만이 그 속에서 끓고 있었다. 톱날로 문지르는 듯 쓰렸다.

아버지는 책에 파묻혀 있었다. 가끔 혀를 차며 책을 덮었지만, 곧 다시 펼쳐 무언가를 찾는 모습이었다. 하지만 결론이 나지 않는 듯했다. 나는 아버지에게 팔과 발이 끊어지는 것 같다고 말했다. 아버지는 어찌 된 까닭인지 침을 놓지도, 뜸을 뜨지도 않았다.

사흘을 더 누워 있어야 했다. 걸을 수 없었고 팔도 굽혀지지 않았다. 눈이 침침했기에 부연 안개 속에 갇힌 기분이었다. 몸속의 피가 모두 빠져나가는 꿈을 꾸었다. 모든 혈 자리에 침이 박혀 곤충 표본처럼 굳어버리는 기분 나쁜 꿈이었다.

엿새가 지나자, 기운이 돌기 시작했다. 통증은 여전했지만 움직일 만했다. 밖에는 비가 퍼붓고 있었다. 아버지는 아침에 나가 정오가 넘도록 돌아오지 않았다. 나는 떨어지는 비를 보며 아버지를 기다렸다. 아버지는 오후 두 시가 지나서야 돌아왔다. 소주가 담긴 커다란 페트병과 약 봉투를 양손에 들고 있었다. 아버지가 약을 지어 온 것은 처음이었다. 약국에 들른 모양이었다. 그러나 그것을 한쪽 구석에 놓아둘 뿐, 내게 먹일 생각은 하지 않았다.

밤늦은 시각이었다. 아버지는 취해 있었다. 다급하게 문을 두드리며 아버지를 부르는 소리가 났다. 광호의 목소리였다. 아버지가 문을 열자, 광호의 얼굴이 보였다. 누군가를 등에 업고 있었다. 얼굴이 가무잡잡하고 머리카락이 곱슬곱슬한 남자였다. 광호 뒤에서 두 사람이 서서 말을 주고받았다. 광호 아버지와 박 씨 아저씨였다. 광호 아버지가 먼저 말을 꺼냈다.

"그물에 묶은 밧줄에 엉켜 난간 너머로 딸려 가고 말았네. 물에 빠진 걸 겨우 건졌네. 불법 체류자라서 병원에 데리고 갈 수도 없으니 말이지."

박 씨 아저씨는 아버지를 탐탁지 않은 눈으로 쳐다보다가 입을 열었다.

"이보게. 자신 없으면 그만두게."

그러자 광호 아버지가 되받아쳤다.

"사람은 살려 놔야 하지 않소."

"그러다 저번 같은 꼴이 나면 어쩔 텐가."

박 씨 아저씨가 큰 소리를 내자 광호 아버지는 우물거렸다. 그러나 광호는 방으로 들어와 아버지 앞에 남자를 눕혔다. 남자는 파랗게 질린 입술을 덜덜 떨고 있었다. 그때 나는 그 남자가 누구인지 알 수 있었다. 연변 출신으로 그 패거리 중 한 명이었다. 저런 사람을 구해 줄 필요가 있을까? 그러나 아버지는 한 치의 감정도 품지 않은 듯 침착했다. 박 씨 아저씨는 밖에 서서 연방 헛기침을 해 대었다. 남자를 살피던 아버지는 모두 방에 들라고 했다. 사람들이 각자 자리를 잡자, 아버지가 말을 꺼냈다.

"크게 잘못되지는 않은 듯싶소. 탈진했을 뿐이니 몸의 기를 제자리로 잡아 주기만 하면 되겠구려. 걱정할 필요는 없소. 내 아들이 할 테니 말이오."

나는 아버지를 쳐다보았다. 아버지는 잠시 눈길을 주고는 표정 없는 낯빛에 잠겼다. 순간 나는 느꼈다. 길고 가느다란 무언가가 마음속에서 꿈틀거렸다. 이것저것 따질 상황은 아니었다. 나는 아버지가 내민 침통을 열고 남자의 혈 자리를 찾기 시작했다. 아버지는 말 한마디 없이 지켜보기만 했다. 첫 침을 꽂는 순간 다시 한번 아버지를 보았으나, 아버지는 내 시선을 받아들이지 않았다. 나는 공중에 떠서 걷는 기분이었다. 그 어떤 이론도 떠오르지 않았고, 경락과 경혈의 이름마저 기억나지 않았다. 그런데도 보이지 않는 힘이 내 손을 이끌었다. 긴장은 사그라지고 내 손끝 사이에 쥔 침만 시야에 들어왔다. 어쩌면 내 육체를 빌렸을 뿐, 침을 놓는 사람은 아버지일지도 모르겠다고 생각했다.

시술을 마친 뒤에도 한동안 정신이 없었다. 남자는 사십여 분이 흐른 뒤에 기운을 차리기 시작했다. 사람들은 모두 아무 말 없이 돌아갔다. 나는 내가 남자를 치료했다는 생각이 들지 않았다. 나무에 못질한 것과 다름없었다. 무슨 말이라도 할 것 같았던 아버지는 끝내 입을 열지 않았다. 그는 갑자기 밖으로 나가더니 뿌연 달빛을 맞으며 한동안 서성거렸다. 나는 고개 숙인 채 평상에 앉아 있었다. 아버지는 생각이 정리되었는지 달을 바라보며 말했다.

"이 일이라는 게 말이다."

아버지는 최후의 유언이라도 남기려는 듯 말투가 진지했다.

"의술이라기보다는 기술에 가깝다. 결국, 머리가 아닌 몸에 익혀야 한다. 또한, 사람을 가려서도 안 된다. 밥그릇을 빚는 사람은 누가 그것에 밥을 덜어 먹느냐를 생각하지 않는 법이다. 이 일 또한 그렇다."

그날, 나는 멍하니 누워 있다가 잠들었다. 역시 이 일은 내게 어울리지 않았다. 살아 있는 바다를 누비는 것과 달리 생동감이 없는 일이었다. 더구나 철저히 나 혼자 해야 하는 작업이었다. 그 깊은 고독을 버티고 또 버틸 수 있을까? 환자가 잘못되기라도 하면 내가 감당할 수 있을까? 아버지는 내 첫 시술에 대해 왜 한마디도 얹지 않았을까.

아침에 일어났을 때, 몸이 또 좋지 않았다. 관절이 죄다 퉁퉁 부어 있었다. 토할 것처럼 답답했고, 어지러웠다. 아버지는 교자상 너머로 나를 한참 지켜보았다. 나는 아버지에게 차마 병원에 가자고 말할 수는 없었다. 이튿날도 몸을 일으키지 못했다. 아버지는 그동안 술을 마시지 않았다.

그렇게 통증과 싸운 지 닷새째 되던 날이었다. 내 몸에는 잠기운도 어지럼도 남아 있지 않았다. 잠들지 못하면서도 눈을 뜰 기력이 없는 사람처럼 누워 있었다. 무거운 그림자가 다가와 내 이마를 짓누르는 기분이 들었다. 눈을 떠 보니 아버지가 내 얼굴을 살피고 있었다. 아버지는 애원하듯 안쓰러운 표정을 지으며 내 눈을 들여다보았다.

"혈관에 염증이 생기다가 장기까지 상하는 병이란다. 이 병을 다루는 방법은 어디에도 나와 있지 않더구나. 네 할아버지도 이런 병으로 죽었다. 노쇠한 분이시라 나도 손을 쓸 수 없었다. 그래도 나는 사람을 고치는 사람이니 시도해야 한다. 설사 그른 결과를 맞더라도 나를 원망하지 않을 수 있겠느냐?"

 나는 아버지의 말이 무슨 뜻인지 한참 동안 생각했다. 막상 짐작이 갔을 때는 머릿속이 정지해 버린 것 같았다. 피를 흘리던 어머니가 떠오를 뿐이었다. 그러나 온몸의 기운이 스르르 풀려 나갔다. 더는 따지고 싶지 않았다. 나는 눈을 감는 것으로 대답했다.

 아버지는 내 옷을 모두 벗겼다. 물에 적신 수건으로 내 몸 구석구석을 닦았다. 그러고는 발가락 끝에서부터 혈 자리를 찾기 시작했다. 마치 내 육체를 성애(性愛)의 대상으로 대하는 듯했다. 아버지의 손끝이 닿을 때마다 근육이 움찔거렸고 피부는 바르르 떨었다. 아버지의 손이 멈추면 침이 빠르고 날카롭게 파고들었다. 마치 내 몸이 그것을 하나씩 삼키는 기분이었다. 아버지는 손끝으로 내 몸을 철저히 읽었다. 나는 숨조차 조심스럽게 쉬어야 했다. 아버지와 내가 서로 다른 육체에 갇혀 있다는 생각이 들지 않았다. 내 호흡은 아버지의 것이기도 했다. 방 안에 묵직하고 농밀한 햇살이 쌓였다. 어디선가 제례 때 쓰이는 경건한 음악이 흐르는 듯했다. 내 몸은 한없이 가벼워지고 그 위로 아버지의 손이 유영했다. 모든 감각이 사라져 가며 한 점으로 뭉치고 있었다. 이것이 침술이구나, 하고 나도 모르게 감탄했다. 이것은 의술도 기술도 아닌 하나의 예술이었다. 배꼽 아래에 이르렀을 때 아버지의 손은 좀 더 오래 머물렀다. 전신에 흐르던 검은 기운이 아버지의 손끝을 타고 빠져나가는 듯했다. 아버지는 장침을 대고 깊숙이 눌렀다. 거대한 말뚝이 나를 꿰뚫는 기분이었다. 하지만 통증은 없었다. 나는 몽롱한 기운에 휩싸이다가 잠들었다.

나흘간 밤낮을 가리지 않고 아버지는 침놓고 뜸 뜨기를 반복했다. 그동안 나는 열이 많이 내렸다. 관절에 일던 통증은 좁은 범위에 갇혀 엷어지고 있었다. 며칠만 더 지나면 모두 말끔해질 것 같았다.

내가 기운을 차리자 아버지는 나를 데리고 매일 방파제까지 산책했다. 해 질 무렵이면 아버지는 한참 동안 말없이 앉아 바다를 바라보았다. 우리는 날마다 수평선에 걸친 태양을 가슴에 안았다. 나는 저물어 가는 태양의 햇빛이 아버지의 눈빛을 닮았다고 생각했다. 하루는 아버지가 이야기를 꺼냈다.

"황제를 돌보는 사람이었지."

아버지는 그렇게 말하며 하늘을 올려다보았다.

"황제의 주치의였단다. 우리의 가업은 그분부터 시작되었지. 그것에는 전통이라는 게 있어서, 주치의의 장남이 모든 지식과 기술을 물려받게 되어 있었다. 아들을 낳지 못하면 입양이라도 해야 했지. 북방 민족의 지배를 받게 되면서도 이 전통은 끊이지 않았다. 언젠가 다시 돌아올 황제를 기다리면서 말이다. 이제 황제는 영원히 사라졌으니 이 일도 무의미한 것일까."

나는 아버지를 향해 고개 돌렸다. 아버지의 눈시울이 붉게 빛났다. 노을빛이 고여 있었기 때문만은 아니었다. 아버지는 품속에서 침통을 꺼내 삼릉침을 뽑아 들었다. 그것을 석양에 비추고 오래도록 쳐다보았다. 침 끝이 황금색으로 반짝였다. 네 길을 가거라. 아버지는 그렇게 말하며 끝내 눈물을 흘렸다.

"나는 인천으로 떠난다. 너는 이곳에 남아 무엇을 할지 생각해 보아라. 나와 같이 있는 한 그 일을 포기하지는 못할 테니까."

아버지의 갑작스러운 말에 내 머릿속이 컴컴해졌다. 하지만 무슨 말이라도 해야 했다.

"그 일을 하더라도 아버지 없이는 못 해요."

"아니, 이미 너는 다 알고 있다. 충분해. 필요한 건 경험뿐이다."

"아버지를 다시는 못 보는 건가요?"

"글쎄. 네가 무엇을 선택하느냐에 달려 있겠지."

아버지는 말을 맺으며 일어섰다. 어둑어둑한 방파제를 빠져나오는 동안 파도가 거친 숨소리를 냈다. 그날 밤, 아버지는 밤새도록 뒤척이며 잠들지 못했다. 그러다가 갑자기 기척이 끊겼다. 눈을 떴을 때 아버지는 없었다. 교자상 위에 아버지의 침통과 『황제내경』, 그리고 끈으로 엮은 두툼한 종이 뭉치가 놓여 있을 뿐이었다. 나는 종이 뭉치를 펼쳐 훑어보았다. 낡고 누르스름한 종이였다. 첫 부분은 붓으로 필사한 한자가 채우고 있었다. 금방이라도 부스러져 버릴 것 같은 종이 위에 글씨가 빽빽했다. 훼손되거나 알아보기 힘든 부분은 종이를 덧대 붙여 보완하고 있었다. 뒤로 갈수록 글씨가 선명했고 종이 상태도 좋았다. 마지막 부분은 아버지의 글씨체로 채워져 있었다. 내 병을 치료하면서 쓴 것 같았다.

사나흘이 무의미하게 흘렀다. 고민할 필요가 없는 데도 생각이 끊이지 않았다. 짐을 벗어 던지고 배를 타면 그만이었다. 그렇지만 마음이 편치 않았다. 나는 아버지의 침통을 열고 장침 하나를 뽑아 들었다. 침 끝이 날카롭게 빛났다. 그것을 바라보자, 아버지가 했던 말이 떠올랐다.

하나의 침에 모든 것이 녹아 있단다. 선조들의 수많은 지식과 경험과 심지어 죽음까지도 말이다. 그것을 모두 담아 침을 놓아야 한다.

순간, 아버지가 내 몸에 놓았던 장침의 감각이 살아났다. 그것은 무거운 닻이 되어 몸속 깊은 곳에 아직 박혀 있었다. 닻줄을 끊어버리면, 나는 거친 물결 속에서 그대로 표류할 것 같았다.

나는 거울을 보았다. 그 속에 비친 눈동자는 아버지의 것을 빼다 박은 듯 흐려져 있었다. 급히 침통을 챙겼다. 마음속으로 풍에 대한 의술을 정리해 보았다. 아버지의 무도(舞蹈)와 같던 침술. 나도 그렇게 할 수 있을까? 수평선 위로 빛을 뿜어내는 태양을 바라보며 해변을 가로질렀다. 소나무 숲에 발을 들여놓는 순간, 바다만큼이나 깊은 뿌리가 내 몸을 관통하는 것 같았다. 할아범은 입술을 꼬며 나를 반길 것이다. 노인에게 한국의, 중국의, 세계의 역사가 담긴 침을 놓아야 한다. 혼신을 쏟아부어서, 과감하게.

고동현
- 2013년 철도문학상, 대한민국디지털작가상, 2014년 전북일보 신춘문예 소설 당선
- 2024년 『검은 바다』, 2025년 『타란텔라』 발간

소설

찰스 시절/김기우

1.

여기, '보산이용원'만 들어오면 왜 그 시절이 떠오르는지요. 군사 정권 때 말입니다. 누님도 함께, 누님의 첫사랑도 동시에 생각나고요. 아, 아, 커트보 좀 느슨하게 해주세요. 언제나 이 보자기를 씌울 때는 목덜미가 따갑군요. 예, 됐습니다. 그냥 단정하게 깎아 주세요. 이발소 냄새, 여기 냄새는 군인 독재자를 떠오르게 합니다. 사람의 기억 중에서 가장 오랜 시간 저장되는 게 냄새라고 하잖아요. 저는 사람의 체험이 대부분 영상으로 기억된다고 생각하고 있는데, 냄새도 마찬가지지요. 이발소 냄새, 포마드 냄새 같기도 하고 다이알 비누 냄새 같기도 한, 이곳 향기를 맡으면 그 대머리가 떠오릅니다. 그가 탤런트만큼 텔레비전에 자주 나와 축농증 걸린 사람처럼 비음 섞인 목소리로 말을 할 때면 여지없이 이발소 냄새가 풍기더군요.

우리는 늘 게으르고 의타심만 있어 왔는지도 모릅니다. 그래서 우악스럽게 몰아치면서 일을 만들어내는 돈키호테 같은 인물을 기대하고 있는지도요. 그 시절은 그래도 긴장했었다, 싸울 대상이 있었다, 잘 살아 보겠다는 의지도 있었다, 민주화 열망이 극에 달했다….

초등학교 6학년 때던가요. 밤중에 탱크 소리가 났고, 곧 비상계엄이 선포됐죠. 대머리가 황량한 겨울에 군사를 일으켰습니다. 군 권력자가 총을 맞았다고 하더니, 대머리가 황당하게 일어났어요. 모두 놀랐습니다. 그가 아니었다면 우리 누님도 첫사랑이 이뤄졌을지 모르지요. 보산동 블루컷에서 머리를 깎을 때마다 그 옛날 '천국이발소'와 그 이발소에 걸려 있던 잉어 그림이 떠오릅니다. 초등학교 시절, 국회의원 선거, 누님, 만화방 혼혈아, 시장 골목….

2.

이윽고 하얗게 먼지 쌓인 '천국이발소'의 아크릴 간판에 깜박깜박 형광등이 켜집니다. 함께 놀던 아이들도 하나둘씩 집으로 돌아가고, 시장 노인네들이 피우는 담배 연기처럼 땅거미가 스멀스멀 머리 위까지 올라오면 저는 천국이발소의 미닫이문을 덜컹거리며 엽니다. 이쯤 되면 손님이 거의 빠져나가 따분하게 기다리는 일은 없을 것입니다.

"가위로만 짧게요. 지난번엔 엄마한테 혼났단 말이에요. 학교에선 또 얼마나 놀림을 당했는지…."

겨울방학 전 시원스레 박박 깎은 떡집아이의 머리가 예쁘게 빚은 송편 같아 저도 그렇게 깎아 보았지만, 제 머리는 털 빠진 암탉 궁둥이 모양 온통 흉한 상처투성이였습니다. 며칠 후 저는 시장 건물 이 층 난간에 숨어 허옇게 일어나는 비듬을 떨궈 내며 천국이발소 문이 열리길 기다렸습니다. 투명한 초겨울 햇살이 저의 빡빡머리를 꾹꾹 눌러 대는 것 같았습니다. 저는 이발소를 내려다보며 손바닥 안에 햇빛을 모았습니다. 마침내 이발소 문이 열리고 꼬마 이발사가 수건을 들고 나왔습니다. 손님이 없는 이발소 안엔 옛 주인이 난로를 끼고 낮잠을 자고 있었습니다. 빛은 학교에서 배운 것처럼 빨리 달리는 것이 아니었습니다. 그것은 투명한 선으로 이어진 것이었습니다. 제가 손을 들어 하나, 둘, 셋하고 숫자를 끝낸 순간, 손바닥 안의 거울에 모아진 빛이 반쯤 열린 이발소 문을 통해 거울에서 거울로, 구석구석까지 연결되기 시작했습니다. 거울뿐 아니었습니다. 빛을 반사시키고 연결시킬 수 있는 모든 물체가 하얗게 웃고 있었습니다. 조용하던 이발소가 미친 듯한 웃음소리로 술렁거렸습니다. 저는 바지에다 오줌을 찔끔찔끔 흘려 가며 그 빛의 웃음소리를 오래도록 들었습니다.

"가위로 짧게라…. 이번에도 깨끗이 밀어 줄 테니, 걱정 말아라."

저의 어깨 위로 하얀 커트보가 씌워졌습니다.

"쥐톨만 한 것이 벌써부터 멋이나 내려고…."

이발소 안에 있던 사람들이 모두 음험하게 웃었습니다. 커트보를 집고 있던 집게가 목덜미를 따갑게 했습니다.

"가위질도 못하면서 무슨 이발쟁이라고 그러세요? 이빨쟁이가 더 어울리겠네요."

저는 지지 않을 새라 혀까지 끌끌 차며 쏘아 댔습니다. 다시 이발소 안은 커다란 웃음소리로 가득 채워졌습니다.

천국이발소를 나오니 밖은 벌써 캄캄해졌고, 이발소 왼편으로 빨간 등을 켜 놓고 줄줄이 앉아 있는 매미들이, 지나가는 미군들을 노래 부르듯 부르고 있습니다. 낮에 걸려 있던 여자 속옷들은 모두 사라졌고, 그 자리에는 벌거벗은 여자의 사진이 너풀너풀 바람에 흔들리고 있습니다. 추웠습니다. 라디오에선 막바지 추위라고 했습니다. 그렇게 겨울방학이 끝나가고 있을 무렵에는 언제나 바람이 매섭게 불어 댔습니다. 바람에 날리는 먼지를 피하려고 고개를 숙이자 향긋한 냄새가 났습니다. 이발소 냄새. 머리 위에 뿌려지던 그 분가루 냄새였습니다. 가끔씩 야근하고 돌아와 잠도 청하지 않고 몰래 빠져나가곤 하던 누나의 냄새와 비슷했습니다. 누나가 빠져나간 쪽문 주위에 맴돌던 그 냄새…. 먼지가 일지 않는데도 저는 자꾸 고개를 숙여 냄새를 오랫동안 들이마셨습니다.

3.

꽃샘추위가 몰려올 즈음이면 시장 사람들은 한가했습니다. 매달 정기적으로 들였다 내보냈다 하던 배추도 사람들이 겨우내 먹을 김치를 미리 해 놓아 보이지 않았고, 정신없이 바쁘던 구정, 대보름 대목도 훌쩍 지나 모두가 한가롭게만 보였습니다. 이제는 사람들 모두가 꽃 피는 봄이 오기만을 기다리고 있었습니다.

썰렁한 시장 구석에는 그래도 날마다 시끌시끌한 곳이 있었습니다. 무료한 시간을 때우려고 아저씨들이 술내기 윷판을 벌이는 대폿집 마당이었습니다. 그곳에서는 언제나 남자들의 굵직굵직한 목소리가 울리고 있었습니다. 하지만 아주머니들은 종일 공치는 날이라도 가게 문을 열어 놓고 연탄불을 쬐며 앉아 있었습니다.

어머니도 하루 종일 석유난로에 손을 녹여 가며 가게를 지킵니다. 저는 어머니에게 갖은 애교를 떨고 나서 백 원 동전을 타 낸 다음, 곧장 호떡집으로 달려가거나 만화방으로 스며들어 배가 고파질 때까지 나오지 않았습니다. 저는 다른 아이들처럼 팽이나 구슬을 사서 추위에 떨며 놀고 싶지 않았습니다. 봄이 오면 중학생이 된다는 설렘이 어깨를 으쓱하게 했습니다. 어른스러워지고 싶었던 것입니다. 구슬치기는 이젠 저에게 어울리지 않는다고 생각했습니다. 오백 원으론 붕어빵을 사먹고 나머지 오백 원으론 만화책을 뒤졌습니다. 책이라야 멜로와 무협이 전부였지만, 만화나 무협소설도 봄이 오면 교복을 입게 된다는 부푼 마음에 『사랑이 물결칠 때』라든가, 『청춘 열차』와 같은 성인용으로만 골라 보았습니다. 밤마다 책방에서 읽은 만화와 소설 줄거리가 생생하게 되살아나 머리를 어지럽히며 잠을 방해했지만, 다음날엔 또 만화방에서 가슴을 졸이며 책장을 넘겼습니다. 날이 어두워진 줄도 모르고 책에 열중해 있다가 어머니에게 손목을 잡혀 끌려 나올 즈음이면, 책방에는 아무도 없고 책방 아들만이 꺼져 가는 연탄불을 지키고 있었습니다.

"잘 가요."

어느 날엔 알은 체를 하려는지, 나이를 짐작하기 어려운 곱살한 얼굴로 미소를 지어 보였습니다. 책방 아들입니다. 그는 백인 혼혈이었습니다. 큰 눈은 쥐색으로 빛났고 희고 높은 코는 하늘을 찌를 듯했습니다. 머리칼은 붉었는데, 멀리서 보면 모자를 쓴 듯 보였습니다. 저에게 인사하는 그의 모습은 만화책에서 본 그 주인공과 많이 닮아 있었습니다.

"엄마, 책방 아들 몇 살 먹었어? 꼭 계집애 같아."

저는 어머니의 손에 잡힌 손목을 빼면서 툴툴거리곤 빈 깡통을 힘껏 찼습니다.

"아버지한테 혼난다, 다시 만화방 들락거리면."

깡통이 튀는 소리가 어둠 속에 요란하게 울렸습니다.

술에 취한 아버지에게서 꿀밤을 몇 대 먹었어도 저는 다음날에도 만화방으로 달려갔습니다. 어제 읽다 놓아둔 책도 궁금했지만, 왠지 책방 아들이 보고 싶었기 때문입니다. 저녁상을 물리자마자 텔레비전 앞에 엎드린 저를 사이에 두고 나눈, 아버지와 어머니의 심상찮은 대화가 호기심을 자극했던 것입니다.

"캠프 이동이 있나 봐, 본국으로 갈 확률이 높대. 모자를 떼 놓고 가지 않겠지?"

숨이 막히도록 계속 담배를 피우시며 하는 아버지의 이야기가 텔레비전 화면을 통해 메아리처럼 들려옵니다.

"춘자, 그 여자 고생 많았는데. 혼혈 아이 찰스 키우느라 냉가슴 앓더니 이제 좀 팔자 펴려나…?"

"아들이 찰스야, 철수야?"

"아빠는 찰스라 부르고, 엄마는 철수라 부르던데요."

어머니의 말이 텔레비전에서 나오는 것 같았습니다.

그날따라 책방에는 손님이 없었습니다. 건성으로 만화책을 하나 골라 보고 있는 저에게 책방 아들이 다가와 만화책 위로 군고구마 하나를 던지다시피 놓고는 실쭉, 웃어 보였습니다.

"맛 좀 봐."

흰 손가락처럼 찰스의 목소리도 희어 보였습니다.

"이젠 만화책 그만 보고 이런 책도 볼 때가 됐을 텐데…."

찰스는 무협소설 윗칸에 있어 보이지 않던 책들을 내려 주었습니다. 『세계 문학선』, 『한국 단편소설』, 그가 표지를 읽으며 책을 들춰 보였습니다. 깨알 같은 글씨가 빼곡히 들어차 있어, 저는 읽어 보지도 않고 벌써 눈이 침침해 왔습니다.

"학교에서 공부 잘 한다면서?"

그의 입가에 자상한 미소가 올려집니다.

"중학교에 올라가기 전에 읽어 두는 게 좋을 거야. 소설책 말고 위인전기 같은 것도 보고 싶으면 얘기해. 빌려줄게. 방에 책이 많아."

나는, 찰스가 나를 어떻게 알고 있을까 궁금했지만, 그보다 찰스가 빌려줄 책에 더 관심이 갔습니다. 가게 안쪽으로 커튼이 반쯤 드리워져 있었고, 그 안엔 어둠이 뭉글뭉글 고여 있었습니다. 어둠 속엔 과연 책이 가득 들어차 있었습니다. 그 책을 전부 읽으면 볼품없이 거들먹거리는 담임 여선생보다 많이 알 수 있을 것 같았지만, 마지막 권을 읽는 순간엔 머리가 펑, 하고 터져 버릴지도 모른다고 생각했지요.

"그럼 우선 소설책으로 하나 골라 주세요."

찰스가 처음으로 제게 빌려준 책은 『데미안』이었습니다. 그는 저를 자기 친동생쯤으로 삼아 자신의 모든 것을 주고 싶다고 하며, 빌려준 책 사이로 손을 내밀었습니다. 찰스와 저는 악수를 했습니다. 가슴이 뭉클했습니다. 그가 빌려준 책을 가슴에 끼고 뛰쳐나오듯 책방을 나온 저는, 벅차오르는 감정을 누르지 못하고 찬바람을 가슴 깊이 들이마셨습니다. 무얼까, 이런 느낌은. 어머니, 아버지, 누나에게서는 받아 본 적이 없는 남자끼리의 유대감. 그새 더욱 키가 커진 것 같은. 저는 바람을 맞아 뒤뚱거리고 있는 이발소 간판을 걷어차고, 그 옆으로 짧은 치마를 입고 줄지어 앉아 있는 매미들에게 감자를 먹이며 달려갔습니다. 마치 술 취한 어른들처럼 말입니다.

저는 저녁을 먹는 둥 마는 둥 하고 누나가 화장대 겸 책상으로 쓰는, 모서리가 닳아빠진 앉은뱅이책상 앞에 이불을 뒤집어쓰고 앉아, 그가 빌려준 『데미안』이라는 소설을 단숨에 읽어냈습니다. 이야기의 주인공이 누구인지 확실치 않았고, 어떤 내용으로 줄거리가 이어지는지도 분명히 알 수 없어도, 모두 읽고 난 뒤에 가슴이 저리는 듯한 느낌, 찰스와 악수를 할 때처럼 목구멍이 물컹 메이는, 그런 것이었습니다. 저는 책을 덮고 새벽 장을 보러 오는 사람들과 잠이 덜 깬 상인들의 하품하는 모습을 창문으로 내려다보며 찰스의 모습을 떠올렸습니다. 그의 쥐색 눈동자와 붉은 머리카락이 서리 낀 창 위에 그려졌습니다.

그 후로 저는 매일같이 소설책 따위를 빌려 보았습니다. 더러 만화책을 뒤져 보았지만 왠지 그런 것은 시시하게만 보여 몇 장 넘기다간 곧 덮어 버렸습니다. 그리고 손님이 없을 때에는 찰스와 호떡을 먹으며 이야기를 나누었습니다. 그가 하는 이야기는 제가 이해하기 힘든 것들이 태반이었지만 그래도 저는 알아듣겠다는 듯이 가끔씩 고개를 끄덕였습니다. 읽고 난 책을 바꾼다는 핑계로 잠이 오질 않는 밤에 찰스에게 찾아가면, 낯선 청년들이 그와 소곤거리곤 했습니다. 동네에서 못 보던 아저씨, 청년들이었습니다. 그들과 나눈 이야기도 제가 궁금해하면 찰스는 서슴없이 말해 주었습니다.

찰스는 이것저것 알고 있는 것이 많았습니다. 아니, 모르는 것이 없었습니다. 그와 함께 이야기를 나누노라면 저도 어느새 세상살이를 걱정하는 어른이 되었습니다. 그는 이야기의 주인공으로 언제나 저의 이름을 내세우는 것이었습니다. 그가 뼈아프게 일하는 농민 이야기를 하면 저는 농촌 지도자가 되었고, 밤을 새워 기계와 씨름하는 공원 이야기를 하면 저는 단숨에 안경 낀 사장이 되었습니다.

찰스와 이야기를 마친 후, 그에게서 받은 책을 허리춤에 끼고 고개를 떨군 채 시장 구석구석을 생각에 잠겨 걸어가고 있노라면, 저는 어느새 고민에 빠진 『데미안』의 주인공이 되어 있었습니다. 퇴색한 군용천막을 지붕으로 삼고 풀빵을 구워 내는 아주머니, 손바닥만 하게 좁아든 햇볕을 쪼이며 졸고 있는 할아버지, 연탄재를 날리며 쓰레기통을 뒤지는 노숙자들, 미군 클럽 앞에서 손을 흔드는 웨이터, 바람막이에 구멍이 숭숭 뚫린 포장마차, 잡음뿐인 스피커를 내놓고 양껏 볼륨을 높인 전파사….

늘 보아 오던 동두천 중앙시장 주변의 풍경들이 문득 생소해 보이는 까닭은 무엇일까? 살아가는 일이란…. 아무리 애를 써서 떠올려도 쉽사리 찾아지지 않는 적당한 낱말 하나를 끈질기게 생각하며, 저는 지칠 때까지 걷다가 집으로 돌아와 잠에 곯아떨어집니다.

4.
잠깐 졸았군요. 염색은 안 합니다. 머리는 감고 가야죠. 지금은 머리를 빨갛고 노랗게 물들이는 것도 아무렇지 않아 보이지만 그때만 해도 공무원들이 장발을 단속했잖습니까. 풍기문란이라고 기타도 못 켜게 했고, 쥐도 새도 모르게 교육대 끌려가기도 했지요.

사람들 관심이 그쪽에만 쏠려 있어 그랬던가요? 그 시절엔 왜 그렇게 시국이 혼란스러웠던지, 늘 정치 이야기뿐이었죠. 선거도 많았습니다. 선거만'한 이벤트가 없었던 이유도 있었을 겁니다. 국회의원 선거, 개헌 찬반 국민투표, 전당 대회, 신당 창당 집회…. 자고 나면 당이 생기고 선거가 있고 투표가 있던 기억입니다. 사람들도 선거와 집회에 덩달아 정신없어 보였습니다. 그렇게 해서 민주화가 제대로 이뤄졌는지 의심입니다만, 어른들이 이발소에서 수염 깎고 머리털 깎는 횟수만큼 선거가 치러졌어도 날치기는 여전하고 지역주의는 똑같잖아요. 이발소에서 깎여 나간 머리털이 아까울 정도예요. 머리 깎으면서 벌이던 고담준론도 이발소 안에서만 맴돌던 공론 아니던가요. 빌 공 자 공론(空論)…. 지금도 그때도 사람들이 뭔가 불안하고 초조해 보입니다.

추위가 풀릴 듯하다가 다시 꽃샘바람이 맹위를 떨치고 있을 때, 의젓하게 생긴 사람들의 얼굴이 여기저기 나붙기 시작했습니다. 이발소 간판 옆 담벼락이며, 영화의 프로그램 자리며, 시장 아이들의 낙서판이며, 심지어는 매미들이 속옷을 널어놓는 빨래줄 밑, 좁은 판자에까지 그 얼굴들이 붙여졌습니다. 모두가 둥그스름하고 기름진 얼굴들이었습니다. 그 얼굴들 밑에는 이름 석 자와 기호 몇 번, 그리고 작은 글씨체로 많은 약력이 적혀 있었습니다.

날마다 술집에서 막걸리 잔치가 벌어졌고, 기호 몇 번 누구누구라고 쓰인 수건이 여기저기 흔하게 나돌고 있었습니다. 대목을 보듯이 시장사람들 모두가 술렁거렸습니다. 아버지는 매일같이 술에 취해 넘버 원, 넘버 투를 외쳐 댔고, 어머니는 가게 지킬 생각도 않고 부인회나 자모회에 쫓아다니며, 돌아올 땐 언제나 휘발유 냄새나는 수건이나 번쩍거리는 양은그릇을 들고 왔습니다. 어머니도 가끔씩 얼굴이 벌거니 하고 돌아와서 저의 뺨에 입을 맞추고는, 으휴, 내 새끼야 너도 빨리 커서 이 어미 호강 한 번 시켜 주거라, 하시며 막걸리 냄새를 풍겼습니다.

함박눈이 내리고 있습니다. 기승을 부리던 추위와 바람이 한결 누그러지자 눈이 없던 지난겨울을 촉촉이 적셔 주려는 듯, 소담스럽게 내립니다. 증축공사가 한창인 학교로 사람들이 눈을 맞으며 걸어가고 있습니다. 내리자마자 금세 녹아 버리는 눈송이가 학교 운동장을 질퍽하게 만들었고, 그 위를 사람들이 흙탕물을 튀겨 가며 걷고 있었습니다.

어느새 들여놓았는지 교사 중심에 연단이 우뚝 서 있었습니다. 연단 위엔 굵은 선으로 이어진 마이크도 세워졌습니다. 하나, 둘 모이던 사람들이 갑자기 불어나 제 주위로 어둠이 생겼고, 저는 우왕좌왕하는 사람들 틈에서 이리저리 쏠려야 했습니다. 그 중에는 더러 시장사람들도 눈에 띄었습니다.

"너도 유세 들으러 왔니? 아님, 수입 잡으러 왔니. 어른이나 애나 그저 공짜라면……."

시장에서 부녀회 총무를 맡고 있다던가 하는, 쌀집 아주머니의 통통 부은 목소리였습니다. 웅성웅성하던 운동장은 사진의 실물이 연단에 오르자 갑자기 잠잠해졌습니다.

"에- 대한민국의 존경하옵는 유권자 여러분."

그가 연단에 엎드려 큰절을 하고 연설을 시작하려 할 때, 저는 목을 한껏 빼고 비장한 모습으로 서 있는 사람들 사이를 허둥대며 빠져나왔습니다. 눈은 계속해서 앞이 보이지 않을 정도로 내리고 있었고 질척거리는 학교 운동장에는 물이 고여, 해어진 털신 사이로 차가운 흙물이 스몄습니다. 발가락이 모두 얼어붙는 것 같았습니다. 만화방에 가고 싶었습니다. 벌겋게 단 연탄난로 곁에 앉아 젖은 신발을 말리며 찰스의 이야기를 듣고 싶었습니다.

저는 고개를 들고 내리는 눈을 받아먹으려 입을 벌린 채로 뛰었습니다. 윙, 울고 있는 전신탑을 지나고, 유리문이 하얀 약국을 지나고, 눈이 온다고 외쳐대는 전파사의 스피커를 지나고, 가마솥에서 김이 모락모락 피어오르는 만두집을 지나고, 닭들이 털이 홀랑 벗긴 채 주렁주렁 매달려 있는 통닭집을 지나쳤습니다.

책방 앞에 도착해서 가쁜 숨을 몰아쉬니 다리가 후들후들 떨려 왔습니다. 그러나 뛰어온 보람도 없이 커다란 자물쇠가 문 사이에 달랑 걸려 있었습니다. 자물쇠의 그 단단함이 저를 초라하게 만드는 기분이었습니다.

몸에서 신열이 나다가도 오한에 떨기도 하면서 저는 밤새도록 앓아야 했습니다. 온몸이 무언가에 짓눌리는 것처럼, 송곳에 여기저기 찔리는 것처럼 아팠습니다. 하지만 그런 통증 저편엔 몸살감기 약이 주는 몽롱한 느낌이 나쁘지 않았습니다.

"깼구나."

환하게 웃는 누나의 얼굴이 시계추처럼 흔들렸습니다.

"지금 아침이야, 밤이야? 엄마는…."

바깥이 조용해서 어쩐지 불안했습니다.

"환한 대낮이야. 모두들 국회의원 후보한테 몰려갔어."

손가락으로 머리를 빗어 넘기는 누나의 얼굴이 가물가물했습니다.

저는 다시금 깊은 잠에 빠져들었습니다. 몇 시간이나 지났을까. 어두운 터널에서 소리치는 듯한 아버지의 목소리가 꿈결처럼 들려와 저는 잠에서 깨어났습니다.

"철수 그 자식이 유세장에서 깽판을 놓더니 이번엔 술판에서 지랄을 해? 대갈통에 피도 안 마른 놈이 어른들 하는 일에 이래야 한다, 저래야 한다, 설치고 다녀? 우리나라 사람도 아니잖아!"

아버지는 재떨이를 들었다 놓았다 하셨습니다. 화가 잔뜩 나신 모양이었습니다.

"찰스, 우리나라 사람 아니에요? 난 한국 사람으로 알고 있는데…. 찰스 엄마 안 됐지. 저런 아들 꼴 보기가 얼마나 애타겠어요."

침침한 형광등 불빛 아래서 어머니의 혀 차는 소리가 끈끈하게 들려왔습니다. '찰스가 한국 사람인가…?' 하는 아버지의 의문 발음도 작게 들렸습니다.

간간이 눈발이 날리고 있습니다. 무쇠 같은 다리를 가진 말을 타고 그가 눈을 맞고 있습니다. 미군이 쓰는 방한모를 쓰고 항공 점퍼를 입은 모습입니다. 한쪽 손엔 깃발을 들고 있습니다. 빨간 깃발입니다. 가끔씩 눈보라가 칠 때마다 방한모의 귀막이가 펄럭입니다. 그의 머리카락 빛깔처럼 깃발이 붉게 휘날립니다.

"열이 좀 내렸군."

아득히 들려오는 아버지의 굵은 목소리가 말 발자국을 눈 위에 찍으며 멀어져 가는 찰스의 모습을 지워 버리고 말았습니다. 저는 찰스의 환영을 다시금 되살려 보려고 두 눈을 손등으로 꾹꾹 눌렀습니다.

이튿날, 점심때까지 아무 것도 먹지 않고 열과 오한에 시달린 제게, 어머니가 잣죽을 끓여 가져 오셨습니다. 쓴맛이 뱃속까지 전해져 왔습니다. 저는 한참 동안 벽지 무늬만 멍하니 쳐다보며 잣죽을 먹는 둥 마는 둥하다가 구석으로 밀쳐 놓았습니다. 한산하던 시장 안이 갑작스레 부산스러워졌습니다. 우리 가게의 엉성한 진열 상품 너머로 아버지와 시장 사람들이 모여 있습니다. 사람들 가운데는 풍채 좋은 국회의원 후보가 금니를 드러내 보이며 웃고 있습니다.

백열등 불빛을 받은 그의 금테 안경에서 차가운 빛이 발했습니다. 아버지는 그에게, 도로에 비해 상품 진열대가 너무 좁다, 너무 어두워서 가로등을 설치해야 한다면서 양팔을 벌렸다 좁혔다 했습니다. 그런 아버지의 모습을 보고 있던 시장 사람들이 고개를 깊이 끄덕였습니다. 후보도 눈썹을 잔뜩 좁히고 아버지의 말을 관심 있게 듣고 있었습니다. 아버지의 설명이 모두 끝나자 후보는 아버지에게 불쑥 손을 내밀어 악수를 청했습니다. 아버지는 그의 손을 잡고 흔들며 머리를 조아렸습니다. 아버지의 귀에서 담배꽁초가 떨어졌습니다.

아버지와 악수를 끝낸 후보가 옆 골목으로 빠져나가려 할 때였습니다. 커다란 고함소리가 사람들 사이를 파고들어 왔습니다.

"이 날강도들아."

고함소리에 놀라 달려온 시장 경비원들이 목소리의 주인공을 순식간에 에워싸고 사납게 내려다보았습니다.

누굴까.

저는 땀이 배어나는 손으로 문지방을 짚으며 가슴을 졸였습니다.

혹시….

어제 꿈속에서 빨간 깃발을 들고 눈 위에서 말을 달리던 찰스의 모습이 떠올랐습니다. 주홍색 완장을 찬 시장 경비원들 사이에서 꿈틀거리던 사내가 다시 소리쳤습니다. 사내는 미군 모자를 푹 눌러쓰고 큰 선글라스와 마스크를 써서 누군지 알아볼 수 없었습니다.

"너희들은 바깥에서 떨고 있는 행상 노인들만 쫓아내지 말고 저 더러운 돼지새끼부터 어서 쫓아내라."

사내가 소리치며 다시 후보의 뒤를 쫓으려 할 때, 한 몸집 좋은 경비원이 그를 내동댕이쳐 바닥에 뉘고는 그 위에 올라타 사정없이 내리쳤습니다. 비명과 욕설이 번갈아 가며 사내의 입에서 터져 나왔습니다. 후보는 못 볼 것을 보기라도 한 양, 황급히 시장 밖으로 빠져나갔습니다. 저는 머리 한쪽이 바늘 같은 것에 찔리고 있는 듯한 통증을 느끼며 가슴에 가득한 원망과 불안으로 문지방의 홈을 손톱이 벗겨지도록 긁고 긁었습니다. 그때, 멀거니 구경만 하던 사람들 사이에서 머리를 단정히 빗어 올린 한 여인이 울부짖으며 그들의 싸움에 뛰어들었습니다.

"제발, 그만하세요."

여인은 경비원을 밀치고 피투성이가 된 사내를 안아 일으켰습니다. 사내의 코에서 코피가 쏟아지자 여인은 정갈하게 접은 손수건을 꺼내 그의 코를 닦아 주었습니다. 손수건이 금세 빨갛게 물들었습니다. 완장을 찬 경비원들 대신에 방망이를 든 경찰관이 달려오자 몰려 있던 사람들은 하나둘씩 서 있던 자리를 슬금슬금 피했고, 아버지는 시장 천장을 우두커니 올려다보며 담배 연기만 힘없이 뱉어 냈습니다. 어머니가 피투성이 사내를 부축하는 여인에게 달려가 눈을 부라리며 여인을 칠 듯이 손을 올렸습니다.

"내 미리 짐작은 하고 있었지만, 이년아 창피하지도 않니?"

어머니는 숨을 거칠게 내뱉더니 땅바닥에 털썩 주저앉았습니다.

"죄송해요, 엄마."

누나의 가라앉은 목소리가 노랫말처럼 들려왔습니다. 씨근거리는 어머니를 뒤로하고, 사내는 엉뚱하게도 내 쪽으로 손을 흔들어 보이고는 경찰관보다 앞장서서 비칠비칠 걸어갔습니다. 피로 물든 손수건이 그의 한쪽 손에서 펄럭이고 있었습니다.

5.

제가 어릴 때 놀던 재래시장 풍경입니다. 언제나 생선 씻은 물로 질척거리던 바닥에서 저는 많은 사람들을 보아 왔지요. 사람들이 몰리는 공간에는 여지없이 선량들이 들락거렸듯 철벅거리는 시장 바닥에도 번들번들한 입후보자들이 함박 미소를 지으며 사람들과 악수를 나눴습니다. 악수를 받는 시장 사람들 손이 가장 따뜻했을 것입니다.

그 일이 있은 후, 저는 『춘희』라는 소설을 두 번째 읽고 있었습니다. 책방은 보름째 문이 닫혀 있었습니다. 먼지가 뽀얗게 덮인 자물쇠만 묵묵히 걸려 있을 뿐이었습니다. 저는 책을 바꿔 볼 수가 없었습니다. 소설 속에 나오는 여주인공의 숨 가쁜 사랑 이야기 때문에 저는 밤마다 잠을 이루지 못하고, 자꾸만 부푸는 듯한 가슴을 베개로 누르면서 이리저리 뒤척여야 했습니다.

이것 좀 풀어 줘, 하며 쉬운 덧셈 문제를 가지고 와 귀찮게 굴던 이불가게 순봉이가 문득 보고 싶었습니다. 저는 천장에 매달린 백

열등의 빛을 껌벅껌벅 바라보며, 소설과 순봉이를 번갈아 생각하고, 까닭 모를 한숨을 몇 번 쉰 다음에야 겨우 잠에 들 수가 있었습니다. 그것도 아침에 일어나면 까맣게 잊어버리고, 저는 다시 바깥을 바람처럼 쏘다녔습니다. 그러다가 밤이 되면 잠이 제대로 찾아와 주질 않았습니다. 그렇지만 저보다 잠을 더 못 이루는 사람이 있었습니다. 밤이 깊도록 계속되는 누나의 흐느낌은 그칠 줄 몰랐습니다. 이불을 뒤집어쓰고 뭐가 그리 슬픈지 훌쩍거리는 누나는 미친 여자였습니다.

"미친 것아 그만 좀 해. 혼혈아가 뭐가 그리 좋아."

아버지가 옆집 계란 가게 아저씨를 끌고 와 밤새껏 술을 마시며 떠들 때, 어머니는 피곤한 몸을 이끌고 누나와 제가 쓰는 방으로 건너왔습니다. 어머니도 좀처럼 잠이 오질 않는 모양이었습니다.

어머니의 불같은 성미에도 아랑곳 않고 누나는 야근을 마치고 돌아온 날엔 어김없이 그가 있는 경찰서로 달려갔습니다. 먹을 것을 보자기에 싸 가지고 휭 하니 쪽문으로 빠져나가는 누나의 뒷모습에서 이발소의 분가루 같은 화장품 냄새가 났습니다.

누나가 사랑이란 감정에 빠져 있나?

저는 누나가 허겁지겁 어질러놓은 방을 정리해 가며 누나와 책방 아들의 사랑을 산수 문제처럼 풀어 보려고 애썼습니다. 그렇지만 답은 쉽사리 찾을 수 없었습니다.

그리움, 진달래꽃, 내 임 계시는 곳, 행복, 따스한 임의 손길….

방을 청소하다가 들춰 본 누나의 일기장에는 열 장이 넘도록 이런 단어들만 계속되었습니다. 예쁘게 단장된 글씨체들이 밤마다 <u>흐느</u>

끼는 누나의 울음처럼 가녀리게 떨고 있는 듯했습니다. 혹시 경찰서에 가서도 울음을 참지 못해 경찰들에게 꾸지람을 듣는 것이나 아닌지. 일기장의 애틋한 문구들이 더욱 가슴을 저리게 했습니다. 어렴풋이 떠오르는 『춘희』의 주인공 종말에 누나의 얼굴이 그림엽서처럼 겹쳐졌습니다.

"조금 있으면 그가 나온대. 널 보고 싶어 하더라."

이제는 언제 그랬냐는 듯이 저녁 열 시만 되면 얕게 코까지 골아가며 잠을 자는 누나의 밝은 목소리였습니다.

"그동안 책을 바꿔 주지 못해서 미안하다고 전해 달라더라."

야근하고 돌아온 날에도 더 이상 쪽문으로 빠져나가지 않는 누나의 손엔 털실이 감겨 있습니다.

"뭘 짜는 거야?"

누나의 빠른 손놀림 너머로 털실이 출렁거리며 춤을 추었습니다.

"조끼."

누나는 즐거운 듯 콧노래까지 불렀습니다. 저는 누나가 짠 조끼를 입고 넥타이를 단정하게 맨 책방 아들의 모습을 상상해 보았습니다. 앳돼 보이는 그의 옆구리에 누나가 바싹 붙어 미소를 띠고 있습니다. 누나를 바라보는 그의 눈동자가 그윽이 빛납니다.

그즈음 시장 안에서는 이상한 소문이 나돌기 시작했습니다. 누나가 찰스의 아이를 가졌다는 소문이었습니다. 소문은 도둑고양이처럼 확연하게 나타나지는 않았지만, 건드리면 튀어나오는 놈의 발톱처럼 우리 가족을 들쑤셔 놓았습니다. 특히 어머니가 길길이 날뛰셨습니다. 그래도 당사자인 누나는 아무렇지도 않다는 듯이 끙끙 앓고 있는 우리들에게 좀처럼 수상한 표정을 보이지 않았습니다. 그러자 어머니가 참을 만큼 참았으니 어디, 네 입으로 한번 말해 보라며 누나를 다그쳤습니다. 그래도 누나는 말 한마디 속 시원히 하질 않았습니다. 어머니의 손에서 머리칼이 한 움큼 쥐어져도 누나는 서럽게 울어 댈 뿐, 소문에 대해서는 말 한마디 하지 않았습니다. 그 후로 소문은 여름철 한 때의 소나기처럼 금세 사라졌습니다.

"그를 하루라도 못 보면 미칠 것 같아."

누나는 뜨개질하던 손을 잠시 멈추고 머리를 손등으로 쓸어 넘겼습니다. 누나의 이마가 푸르게 빛났습니다.

아버지한테 맞아 죽을 거야.

뜨개질을 다시 시작하는 누나의 손에서 털실이 뛰어다녔습니다.

누나가 다 뜬 조끼를 그에게 입혀 주는 날이 오면 다시는 누나를 볼 수 없게 될지도 모른다는 생각이 들었습니다.

"그와 함께 멀리…."

누나가 뜨개바늘을 입으로 가져가며 말했습니다.

방패를 들고 빨간 깃발을 휘날리며 말을 달리는 그의 꽁무니에 누나가 바짝 붙어 있습니다. 아버지와 시장 사람들이 몽둥이를 들고 그들을 뒤쫓습니다. 어머니는 주저앉아서 땅을 치며 울고 있고, 경찰관들이 그들의 뒷모습을 향해 손가락질하고 있습니다.

"아버지한테 맞아 죽을 거야."

그러나 한편 곰곰 생각해 보면 아버지가 그토록 반대할 이유가 확실하게 있는 것도 아니었습니다. 그가 무슨 죄라도 지었단 말인가요? 잘은 알 수 없지만 그가 하는 일이 크나큰 범죄 같지는 않았습니다. 그렇게 생각이 들자 저도 그가 보고 싶어졌습니다. 그리고 그에게 물어보아야 할 이야기도 있었습니다. 우리 누나를 좋아하느냐고요.

 학기가 바뀌고 중학교에 올라가기 전 초봄입니다. 방학 숙제를 들고 시골로 내려갔던 또래의 아이들이 시장 앞 공터에 얼굴을 나타내기 시작했습니다.

 초봄의 짧은 해가 뉘엿뉘엿 넘어가고 있었습니다. 아이들은 매서운 바람에도 아랑곳없이 새로운 놀이를 열심히 구상하고 있는 듯싶었습니다. 그중, 저와 같은 학년인 통닭집 아들, 닭살이 오들오들 떨어가며 어설프게 담배를 피우고 있는 모습이 보였습니다. 그 모습을 조무래기들이 신기한 듯 올려다보고 있었습니다.

 "오늘밤 아홉 시, 동장집 녀석들과 붙기로 돼 있다. 놈들이 선거 선물 볼펜을 우리가 훔쳤다고 했다. 모두들 준비하고 나와라."

 저하고는 같은 학년이면서도 나이가 세 살이나 위인 닭살이 힘 있게 말했습니다.

 조무래기들도 힘껏 고개를 끄덕였습니다.

 "나도 하겠다."

 그들 주위를 맴돌던 제가 불쑥 뛰어들면서 말했습니다. 그들에게 샌님이란 별명으로 불리고 있던 저를, 닭살이 의아한 눈으로 쳐다보았습니다. 저도 이 기회에 어떤 힘을, 용기를 갖고 싶었습니다.

 "샌님, 넌 안 된다."

 닭살이 피우다 만 담배꽁초를 손가락으로 퉁기며 말했습니다.

 "깡도 없는 놈이…."

두 주먹을 움켜쥐는 조무래기들을 보며 닭살이 카악 가래를 돋워 냈습니다.

"나도 아홉 시에 나가겠다. 장소를 말해 줘라, 닭살."

저는 입술을 깨물며 다시 한번 다짐했습니다.

"…좋다. 장소는 이발소 앞, 쓰레기 하치장이다."

닭살은 무언가 씁쓸한 듯 자꾸 입맛을 다셨습니다.

그날 저녁 아홉 시, 쓰레기 하치장에는 장작불을 피워 놓고 깡소주를 마시고 있는 청소부들만 보였습니다. 하치장 건너편에는 이발소의 표시 간판이 탈탈거리며 돌고 있었고, 이발소 안엔 김이 뿌옇게 서린 창 너머로 어른들이 서너 명 모여 이야기를 나누고 있었습니다. 알아듣지 못하게 소곤거리다가도 큰 소리로 탁자를 쳐 가며 하는 그들의 이야기는, 누구를 찍어야 한다느니, 누구는 어떠해서 찍어선 안 된다느니 하는, 투표에 관한 것이었습니다.

"동장집 녀석들이 약속을 어겼다."

어느새 왔는지 닭살이 가죽 장갑을 낀 손으로 허공을 가르며 말했습니다.

닭살은 권투선수처럼 머리를 좌우로 흔들며 어둠 속으로 계속해서 손을 뻗었습니다. 닭살의 입에서 바람소리가 쉭쉭 하고 새어 나왔습니다.

"그럼 걔들도 이제, 네 부하가 되겠구나."

닭살의 날렵한 주먹짓을 보며 저는 맥없이 물었습니다.

"아니다. 놈들이 시일을 연장했다. 선거일, 그러니까 돌아오는 일요일 열 시로 정했다."

닭살이 허공으로 주먹질을 하며 뛰어갔습니다. 어둠 속에서 강아지 한 마리가 튀어나와 닭살의 뒤를 쫓아갔습니다. 저는 허전해진 마음으로 쓰레기 하치장을 벗어나 책방을 향해 걸어갔습니다. 거리 구석구석에서 찬 바람이 조그만 회오리로 일고 신문지 조각들이 실 풀린 연처럼 날렸습니다. 여기저기 연탄재가 빙판 위에 흩뿌려져 있었습니다. 시장 담벼락에는 국회의원 후보의 사진들이 찢겨져 바람에 풀럭이고 있고, 어디에선가 볼륨을 한껏 올린 라디오 뉴스에선 선거일을 며칠 앞둔 후보들의 활동을 보도하고 있었습니다.

마침 책방에는 불이 켜져 있었습니다. 그러나 막상 들어서려니까 내키지 않았습니다. 저는 책방 옆을 서성거리다가 누군가 책방 문을 열고 나오는 소리에 얼른 어둠 속으로 몸을 숨겼습니다. 누나였습니다. 목도리를 머리에 감싸고 문을 나서는 누나 뒤에 찰스가 침통한 표정으로 따라 나왔습니다.

"조심해서 가."

찰스가 문설주에 기대어 말했습니다.

"안녕히…."

누나는 말을 제대로 맺지 못하고 흑, 하고 울음을 터뜨리며 어두운 바람 속으로 뛰어갔습니다. 찰스가 고개를 떨구고 인으로 힘없이 들어갔습니다. 저는 그런 모습을 지켜보다가 성큼성큼 걸어가 책방 문을 세차게 열었습니다. 그가 놀랐다는 듯이 저를 멀뚱히 바라보다가 이내 쓸쓸하게 웃어 보였습니다.

"너 왔구나."

저는 누나와 무슨 일이 있었냐고 그에게 따져 볼 심산이었습니다.

"널, 보고 싶었단다."

씁쓰레한 미소를 짓고 있는 그가 제게 손을 내밀었습니다. 저는 그의 손을 건성으로 잡고 얼굴을 들어 그를 쏘아보았습니다. 그의 눈동자가 붉게 충혈되어 있었습니다.

"그래, 그동안 책은 많이 봤니? 내가 없어서 바꿔 보지는 못했겠구나. 지난번에 빌려 간 책이 뭐지? 이번엔 무슨 책을 빌려줄까? 그렇게 서 있지만 말고 이리 앉아 잠깐 기다려."

그는 수선을 떨어가며 내실에 들어가 책을 한 아름 안고 왔습니다.

"자, 이번엔 이 책을 빌려줄게."

그는 내온 책들 틈에서 사진첩 같은 것을 꺼내 몇 장 넘겨 보이더니 이내 덮어 버렸습니다. 언뜻 본 책갈피엔 사진이 많이 들어 있었습니다. 서양 남자와 여자가 옷을 모두 벗고 우는 듯, 웃는 듯, 모호한 표정을 짓는 사진이었습니다.

"이 책은 불란서 유명한 시인들의 모습과 그들의 시집이란다."

그는 야릇한 사진들로 가득한 책을 손에 쥐고 빙그르 돌다가 갑자기 깊은 생각에 빠진 듯 머리를 무릎에 박고 한참 동안 일어서질 않았습니다. 그러다가 슬며시 고개를 들고는 충혈된 눈을 두리번거리기도 했습니다. 텔레비전에서 본 적이 있는, 연속극의 주인공이 제복을 입은 경찰관들에게 모진 고문을 당하는 장면을 떠올리며, 그를 보면 꼭 물어보고 싶었던 말을 저는 끝내 하지 못했습니다. 우리 누나를 좋아하냐고요.

6.

  부산스럽던 시장도, 하늘을 쩡쩡 울리던 유세장도 정작 선거일이 되자 언제 그런 일이 있었냐는 듯 차분히 가라앉았습니다. 공동 유세장으로 쓰이던 학교의 교실에는 투표소가 마련돼 있어 사람들이 줄을 맞춰 투표 순서를 기다리고 있었습니다. 맑게 갠 하늘에서 투명한 햇빛이 운동장에 내리꽂히고 있었습니다. 투표소를 구경하고 싶어 아버지를 따라나선 저는 교실 입구에서 통닭집 아저씨와 닭살을 보았습니다. 통닭집 아저씨는 교실을 들어서는 사람에게 마다 주민등록증을 받아 꼼꼼히 들여다본 다음 투표용지를 건네주고 있었습니다. 교실 입구에서 닭살이 보초처럼 서 있었고요.

  "보여 줄 게 있다."

  사람들 틈에서 저를 발견해 낸 닭살이 복도 끝으로 저를 끌고 갔습니다.

  "어떤 사람이 흘리고 간 것을 주웠다."

  닭살의 손에서 찰칵하는 소리가 나더니 번쩍, 하고 예리한 쇠붙이가 튀어나왔습니다.

  "칼이다."

  흠칫 놀라는 제게 닭살은 보란 듯이 교실 문을 꾹꾹 찔렀습니다. 번쩍번쩍, 칼에서 반사되는 빛이 따가웠습니다.

  "이제 동장집 녀석들은 모두 겁먹고 도망가겠지."

  눈부셔 하는 저를 보고 닭살은 실룩실룩 웃으며 날을 접었습니다. 날이 접힌 칼이 닭살의 손에 착 달라붙었습니다.

그날 저녁, 투표를 마친 어른들은 텔레비전이나 라디오 앞에 모여 앉아 개표현황을 보며 한 마디씩 떠들어 댔고, 닭살과 저는 조무래기들을 몰고 쓰레기 하치장 쪽으로 걸어갔습니다. 찢겨진 국회의원 후보의 사진이 바람에 날려왔습니다. 모두들 아무 말도 하지 않았습니다.

"놈들이 와 있을 거다."

쓰레기 하치장에 다다랐을 즈음, 손가락을 가죽 장갑에 집어넣으며 닭살이 말했습니다. 그때, 별안간 하치장 맞은편에 있는 이발소에서 함성과 함께 웃음이 터져 나왔습니다. 누군가 당선이 확정된 모양이었습니다.

그러나 아무리 기다려도 동장집 녀석들은 오지 않았습니다. 대신, 어둠 저쪽에서 양복을 입은 대여섯 명의 커다란 남자들이 야위어 보이는 한 남자를 질질 끌고 와 소리 없이 구타하고 있었습니다. 야윈 남자의 몸에서 둔탁한 소리만 날 뿐이었습니다. 우리는 숨을 죽이며 그 광경을 지켜보았습니다. 야윈 남자는 그들에게 힘겹게 대항하는 듯 보였지만 몇 차례 비명을 지르고는 쓰러졌습니다. 한 번 쓰러진 남자는 다시 일어서질 못했습니다. 쓰러진 남자를 타 넘으며 양복 입은 남자들이 어둠 속으로 빠르게 빠져 들어갔습니다.

"가 보자."

이를 부딪히며 떨고 있는 우리에게 닭살이 말하고는, 성냥불을 켜서 쓰러진 남자 쪽으로 걸어갔습니다.

"모두 빨리 와 봐라."

닭살이 떨리는 목소리로 우리를 불렀습니다. 우리는 어둠 속에서

쿵쿵 울리는 서로의 가슴 뛰는 소리를 들으며 닭살에게 달려갔습니다.
"칼에 맞았다."

누군가 짧게 말했습니다. 파르르 떠는 성냥 불빛 아래 사내가 피 거품을 물고 엎어져 있었습니다. 옆구리에 칼을 맞았는지 피가 허리춤에 흥건히 고여 있었습니다. 성냥 불빛을 받아 사내의 옆구리에 박힌 칼 손잡이가 빛을 냈습니다. 빛이 건너편 이발소의 유리문에 반짝, 하고 연결되었습니다. 그러나 그 빛은 곧 사그라져 버렸습니다.
"움직이질 않아."

사내의 콧등에 손을 가져가던 닭살이 소스라쳐 말했습니다.
"도망이다."

슬금슬금 뒷걸음치던 닭살이 쏜살같이 달아남과 동시에 우리 모두는 아악, 비명을 지르며 이발소 쪽으로 달려갔습니다.

저는 뛰면서 제 뒤통수에 매달려 있는 사내의 쥐색 눈동자를 떨어 버리려고 머리를 마구 흔들었고, 소매 끝에 달라붙은 사내의 손수건을 떼어 내려고 손목을 자꾸 털었습니다. 느닷없이 이발소에서 커다란 웃음소리가 하치장 쪽으로 쏟아져 나와 메아리쳤습니다.

누님은 오십 줄을 넘기도록 아직까지 독신입니다. 시골에서 어머니를 모시고 뜨개질로 생활하십니다. 저도 이제 마흔이 가까워옵니다. 제 아이가 초등학교 오학년입니다. 제 아이는 집에서 종일 컴퓨터 모니터만 봅니다. 아이는 대통령이 누구인지도 모릅니다. 저도 우리 지역 지방자치단체장이 누군지도, 국회의원이 누구이고, 여당과 야당 의석수가 얼마나 되는지도 모릅니다. 조금 전에 머리 감은

샴푸 거품처럼 부풀어졌다가 스러지는 생활, 그 생활을 위해 한 달 한 달 벌이에만 관심 있습니다.

저기, 잉어 그림 아래 푸시킨의 시는 아직도 선명하군요.

삶이 그대를 속일지라도
노여워하거나 슬퍼하지 말라
슬픔의 날을 참고 견디면
기쁨의 날은 오리니
마음은 미래에 사는 것
오늘은 언제나 슬픈 것
모든 것은 한 순간에 지나가는 것
지나간 것은 또다시 그리워지느니

김기우
- 1990년 계간 『문학과비평』 가을 호에 단편 「환(環)」으로 등단
- 동국대에서 석사, 한림대에서 박사 학위 취득
- 장편소설 『바다를 노래하고 싶을 때』, 『리듬 Rhythm』, 중단편소설집 『봄으로 가는 취주(吹奏)』, 『달의 무늬』, 『가족에겐 가족이 없다』, 『네게 쓴 메일함』, 장편동화 『봉황에 숨겨진 발해의 비밀』, 창작이론서 『아이덴티티 이론의 구조』, 『최인훈은 이렇게 말했다』 등
- 현재 한림대 출강
- 현) 양주작가 회장

편집 후기

한국작가회의 양주 지부(회장 김기우)는 2008년 7월 창립 이후 매년 문예지를 출간하고 있다. 꾸준한 활동으로 경기 북부지역을 대표하는 종합문예지로 자리매김한 양주작가는 현재 40여 명의 회원이 탄탄한 콘텐츠를 통해 이 지역 신인 작가 발굴과 지역 문학의 활성화에 힘쓰고 있다.

양주작가는 매년 작가 초청 강연회, 문학 기행, 시화전 등 다양한 프로그램을 운영하고 있다. 시민들과 문학 예술의 즐거움을 나누고자 노력하는 양주작가는 경기 북부의 열악한 문학 환경에 신선한 바람을 불어 넣고 있다. 특히 북콘서트, 북토크 등 시민과 함께하는 다채로운 프로그램을 계획하고 있다.

한알의 대추가 영글어 단맛을 내기까지는 수많은 폭우와 폭염과 폭풍의 강을 건너 가을 녘에 닿아야한다. 작가들 역시 영혼을 갉아먹으며 글을 쓰는 사람들이다. 시 한 편, 소설 한 편이 완성되기까지 거저 되는 것은 없다.

유난히 뜨겁던 여름을 견디고 『아름다운 작가 제15호』가 화사한 얼굴을 내밀 때쯤이면 결실의 계절로 들녘은 풍성하리라. 벌써 그리운 얼굴들과 마주 앉아 소박한 술자리 한번 가져 볼 요량으로 어린 아이처럼 마음이 들뜬다.

양주작가는 앞으로도 문학과 예술을 통해 지역사회와 깊이 소통하고, 경기 북부 문학의 새로운 지평을 여는 데 앞장설 것이다.

2025. 9. 양주작가 편집장

고동현 / 바른북스 / 14,000원

고동현 소설가의 두 번째 장편소설집. 이 작품은 1936년부터 2014년 그리고 미래까지 100여 년에 걸친 사건과 사유를 펼친다. 일제 강점기부터 4.3, 한국전쟁, 90년대 민주화 운동을 배경으로 이야기가 흐르고, 앞으로 닥칠 미래는 어떤 모습일지 근본적인 화두를 던진다.

비자의, 눈물

조영환 / 다시올 / 12,000원

조영환 시인이 시에서 섬 속의 섬을 노래한 것은 꿈속의 꿈을 향유하려는 대리 충족의 감각에서 비롯된 시심이 아닐까? 그의 시에는 미군 부대의 카투사로서, 중동에 파견된 산업 역군으로서, 고등학교 국어 교사로서, 모범적인 남편으로서, 자식들의 부모로서, 친정과 이산가족이 된 어머니와 제주 4.3사건 피해자 유족인 장모님을 보살펴 드리며 살아온 그의 삶의 흔적이 녹아들어 있다.

내가 어두운 그늘이었을 때
박시우 / 걷는사람 / 12,000원

박시우 시인의 두 번째 시집. 이번 시집은 오랜 침묵과 침잠의 시간을 지나 다시 언어 앞에 선 시인의 내밀한 고백이자 다짐이다. 박시우 시인은 그간의 시간을 '음악'이라는 감각으로 건너왔다고 고백한다. 이 말은 곧 이번 시집을 관통하는 미학적 중심이 음악임을 암시한다.

4.4에 패사한 윤석열, 그가 갈 곳은?

류재복 / 정경시사FOCUS / 20,000원

정경시사Focus 발행인 류재복 대기자의 네 번째 저서. 이 칼럼집은 류재복 대기자가 무법주의자인 악한 윤석열이 2021년 검찰총장에서 물러나 대통령이 된 후 2025년 4월 4일, 헌법재판소로부터 파면을 당하기까지 한국 정치사에서 그가 취했던 비정상적인 행동을 지켜보면서 틈틈이 쓴 글들을 정리한 것이다.

나병춘 / 시학 / 12,000원

나병춘 선생은 양주의 들꽃 같은 시인이다. 또한 길가에 피어난 장미를 물끄러미 응시하며 탄식하는 시인이다. "오 나의 장미여/알 수 없는 거울이여"라는 구절이 나오는데, "장미여, 오 순수한 모순이여, 기쁨이여"라고 자신의 묘비명을 썼던 라이너 마리아 릴케가 문득 떠오른다. 그의 「꽃받침」이란 시를 보면 "받침이 필요하다/꽃이 피고 바람이 불고/벌 나비가 앉으려면" "나는 누구의 받침으로/이 세상에 왔을까"하고 가만히 묻는다. 나병춘의 시 곳곳에는 무언가 사물 '그 너머'를 멀리 투시해 보고자 하는 망원경의 시선이 느껴진다. 나병춘은 천상 서정 시인이지만 지성, 영성을 오롯이 간직한 시인이다. 「종이의 변증법」에서는 "바늘로 우물을 파라"는 오르한 파묵의 섬세한 세필화 조각 같은 장인 정신이 깃들어 있다. 「섬달천 고양이 니하옹」을 보면 "욜랑욜랑 야옹 니하옹" 사람 흉내 내는 윤슬 고양이의 묘명한 피아노 소릴 엿듣게 되고, 백석 시인이 살아온 듯 오래된 미래의 신명난 잔치판이 벌어지기도 한다.
- 김영산(시인)